建筑企业技术协同创新运行机制及绩效研究

THE RESEARCH ON THE OPERATING MECHANISM AND PERFORMANCE OF TECHNOLOGICAL COLLABORATIVE INNOVATION IN CONSTRUCTION ENTERPRISES

熊伟◎著

中国经济出版社
CHINA ECONOMIC PUBLISHING HOUSE
北 京

图书在版编目（CIP）数据

建筑企业技术协同创新运行机制及绩效研究 / 熊伟著. —北京：中国经济出版社，2022.2

ISBN 978-7-5136-6831-6

Ⅰ. ①建… Ⅱ. ①熊… Ⅲ. ①建筑企业-企业创新-研究-中国 Ⅳ. ①F426.9

中国版本图书馆CIP数据核字（2022）第033651号

责任编辑 张利影
责任印制 巢新强
封面设计 久品轩

出版发行 中国经济出版社
印 刷 者 北京艾普海德印刷有限公司
经 销 者 各地新华书店
开　　本 710mm × 1000mm 1/16
印　　张 11
字　　数 140千字
版　　次 2022年2月第1版
印　　次 2022年2月第1次
定　　价 78.00元
广告经营许可证 京西工商广字第8179号

中国经济出版社 **网址** www.economyph.com **社址** 北京市东城区安定门外大街58号 **邮编** 100011
本版图书如存在印装质量问题，请与本社销售中心联系调换（联系电话：010-57512564）

前　言

党的十八届五中全会提出了“创新、协调、绿色、开放、共享”的新发展理念，并把创新作为引领发展的第一动力，主要目的是解决行业发展过程中主体协同创新的问题。在新的经济发展形势下，全国各省市对建筑行业的协同发展模式进行了新探索，以此促进建筑行业主体对资源的有效利用，解决建筑业技术协同创新的合作机制问题，以便于提高建筑企业的协同创新绩效，促进建筑行业健康发展。

本书主要对建筑企业协同创新运行机制及绩效进行探究。研究过程中运用协同学理论、动力机制理论等理论方法，介绍了国内外企业协同创新机制研究的现状，从理论的角度研究了建筑企业技术协同创新内部和外部动因、机制构建、绩效模型，并提出了建筑企业提升技术协同创新绩效的内部和外部实现路径。本书通过研究表明：

（1）技术协同创新发展将逐渐成为建筑企业的行业定位。技术协同创新的相关利益主体包括政府、企业和研究机构等。本书利用协同学理论对主体之间的协同行为进行研究，发现协同链中的主体行为越明显，其创新绩效越高。因此，促进建筑企业加快形成完善的协同链是提高其协同创新绩效的重要手段。

（2）运用动力机制原理，结合建筑企业协同创新发展的特点，提出技术协同创新发展的动力系统分为内、外两部分。其中，建筑企业内部的创新精神促进了企业自主创新；由政府、市场等外部主体构成的需求动力形成了协同创新推动力量，主要由竞争性动力和政策推动构成，两者对建筑行业的协同创新发展共同产生推动作用。

（3）影响建筑企业技术协同创新机制的因素有内外部驱动力机制、资源供给机制、协同创新机制和激励与约束机制。通过建立创新绩效检验指标体系，收集A建筑公司案例的实证数据，进行超效率DEA模型分析，计算结果表明：在各年创新绩效取得成果的基础上，2019年的协同创新绩效从投入产出的角度看相对较弱，仍存在一些缺陷和不足。

本书由西华大学土木建筑与环境学院的熊伟老师主笔编写，杨芯、杨倩同学参与数据收集、调研资料整理、文献资料的归纳和分析、软件信息处理等大量基础性工作。本书在编写过程中得到了西华大学土木建筑与环境学院领导的大力支持，得到了同事项勇教授、李海凌教授、陈泽友副教授、卢立宇老师、卢永琴老师的帮助和建议。同时，在本书的编写过程中，汲取了部分学者的研究成果和观点，使本专著的内容得到了丰富和完善，在此对这些学者表示衷心的感谢。

熊伟

2021年5月

目 录

第一章　建筑企业技术协同创新国内外研究现状

第一节　建筑企业技术协同创新的国外研究现状

一、关于企业协同理论的研究

20世纪60年代，国外学术界开始对企业协同的相关理论进行研究。1965年，安索夫（Ansoff）首次提出协同的概念，认为协同是实现企业战略的重要方式，并在《企业战略》一书中提出了关于多个企业之间的共同协作可以提高企业整体绩效的观点，探讨了通过协同战略将企业的多元化业务相互关联，拓展企业发展空间问题，进而提出两个或多个企业进行资源共享不但有利于提升整体效益，还能构建互利共生的关系网。

在安索夫协同概念的基础上，德国物理学家哈肯（Haken）将协同的理论系统化，并在20世纪70年代提出了协同学理论。哈肯认为社会领域也同自然界一样存在各种系统，系统有多种外在的表现形式，不同类型的子系统共同组成了具有差异化的整体系统，且可将各子系统进一步分解为若干要素。子系统内部各要素与各子系统之间存在着非线性的作用关系，能够促使系统向有序协同的方向不断演化。

20世纪80年代，Porter以企业价值链为研究对象，阐述了企业协同效益的内涵和影响因素，认为协同效益能够通过企业间的有形关联、无形关联以及竞争性关联表现，并且从增加企业收益和协同行为可能产生的成本两方面衡量协同效益。例如，用两个企业在协同后所做出的妥协以及为完成协同工作所付出的成本衡量协同效益等。因此，要通过协同为企业双方带来价值，必须合理考虑协同成本等因素的影响。

日本战略学家伊丹敬之拓展了协同的概念，认为协同能让企业资源效能最大化，即协同能将资源分解为隐形资源和实体资源两种。实体资源不具备资源的特殊性而不能成为维持企业竞争力的主要驱动力，隐形资源具备资源的独有性而对企业的内生驱动作用较大，因此，拥有丰富的隐形资源是维持企业竞争力的重点。伊丹敬之还将“互补效益”定义为通过提高实体资源使用效率实现成本节约或者销售额增加而产生的效益；将使用隐形资源产生的效益称为“协同效益”，认为隐形资源是企业保持竞争优势的关键。

随后，美国学者Bazel和Gale（1987）从企业并购角度对企业协同现象进行了研究，认为企业的协同效益表现为企业并购后的整体绩效，且不等同于将企业效益简单汇总后的绩效；认为如果市场营销费用和研发费用在企业运转成本中所占比例较大，则企业并购后所带来的协同效益将更明显，因此企业可以通过统一管理来控制市场营销和研发的费用以提高协同效益。

20世纪90年代，Weston根据安索夫对协同效益的分类将其划分为经营、管理和财物三个方面，认为协同效益主要表现为效率，通过协同行为能提高单个企业的经营效率，进而提高系统中各企业的整体经营效率，从而获得协同效益。

马克·L. 赛罗沃受伊丹敬之协同观点的影响，认为只有通过协同使关联公司的整体绩效大于公司独立存在取得的绩效，才能产生协同效益。

通过研究企业协同效益提出企业在进行协同时如果未进行战略制定、系统整合，将难以产生协同效益。赛罗沃的研究为发挥协同效益的最大化作用提供了理论指导。随后迈克尔·古德（Michael Goold）和安德鲁·坎贝尔（Andrew Campell）等从协同战略带来的技术、资源方面的优势研究协同效益。

综上所述，国外学者从理论提出、理论引入、协同效益的来源到协同效益的分类的过程拓展了协同理论的应用范围，为深入研究协同效益提供了理论指导。但国外的相关研究多是基于企业角度，缺少结合建筑行业的特点而进行企业协同方面的针对性研究。

二、关于企业协同创新行为动因的研究

（一）企业创新的动因发展理论

国外最早对企业创新的动因进行研究的是熊彼特，他认为企业创新的原动力来自对超额利润的追求和企业家精神。随后，埃斯利（Eesley）提出不同团队的组合能够提高团队的创新绩效，团队的异质性有利于企业的技术创新，增强企业竞争力。在此基础上，罗达尔（Grodal）认为企业技术创新不仅在企业竞争中发挥着关键作用，而且还能为企业间的联盟提供创新动力。阿尤索（Ayuso）等在前人的基础上研究动力理论，从企业利益需求角度分析技术创新产生的动因，认为利益相关者若期望从外部获得更多利益则需要将各自的资源与其他组织进行交流和分享，并且利益相关者的知识库联系只有通过扁平化和灵活的组织结构才能形成。因此，只有通过利益相关者的对话与知识联盟才能满足利益相关者的需求，促进技术创新的生成。卡纳布西（Carnabuci）通过技术重组分析创新的动力来源，认为技术创新即为企业重组其现有技术的能力，企业在重组或创建技术组合过程中能推动技术创新，并提出与知识库网络结合是提高企业技术重组能力的重要手段。

（二）企业协同创新动因发展理论

企业独立开展创新的情况较少，更多的是依靠多方主体间的互动进行创新。企业通过协作在价值链上开展某一环节的创新活动，从而实现专业化分工。协同拓展市场空间、共享技术资源和合作成果等活动，能有效弥补单个企业的创新劣势。国外学者对企业协同创新的动力要素进行了研究，美国学者卡门（Kamine，1975）和施瓦兹（Schuartz，1975）提出垄断力量、企业规模和竞争程度是决定技术创新的三个变量，并从垄断竞争的视角运用数理研究方法，发现技术创新与市场结构的相关性，提出了“中间市场结构”假设，认为在完全竞争和垄断之间存在一种市场结构。多个独立的企业间进行合作创新能够在很大程度上使技术市场呈现“中间化”拟合现象，从而为企业技术创新营造良好的市场环境。

国外学者从资源共享与互补的角度分析企业协同创新的动机。阿曼·阿尔钦和哈罗德·登姆塞茨（Alchian and Demsetz，1972）认为，通过合作性的资产专业化能够使资产实现更高的生产率。提斯（Teece，1997）提出如果将活动过程看作一种能力资产，那么相互匹配的活动带来的收益来源于资产的互补性，尤其是资产的双元互补性。

综上所述，国外学者从企业价值影响的视角分析了企业间及企业内部进行协同创新的根源。协同创新对企业价值影响表现为节约协同利益主体成本、弥补创新资源不足、分散技术创新风险以及提高资产使用效率，从而实现资产共享和资产互补。企业内部驱动力能完善企业创新机制，外部驱动力能延伸和扩展企业创新网络。内部动力要素间存在着复杂而密切的非线性关系，而外部动力要素间也存在错综复杂的相关效应，并且企业的内部和外部动力要素之间同时存在较强的非线性耦合作用。随着全球化进程日益加快，企业同时加强了内、外部协同网络互动，企业间的技术、市场、信息资源共享互补在技术创新过程中的作用越来越突出。国外学者关于协同创新动因相关研究为企业协同创新机制的研究提供了理论依据。

三、关于企业协同创新机制及绩效的研究

纳尔逊和温特（Nelson and Winter，2005）提出只有通过技术创新与制度创新协同配合才能实现企业可持续发展，认为创新同时具备技术和经济两种属性，创新不仅是技术方面的革新，也是相应经济制度的协同，并提出企业提升竞争优势的关键是保持技术与非技术的多要素协同发展，若某个或多个要素存在劣势，则企业创新机制会受到制约。

企业技术创新机制的运行效果需通过绩效进行衡量。因此，对企业技术创新绩效的研究一直是国外学术界关注的重点。国外对创新机制的绩效研究，集中在绩效评价的影响要素分析、绩效评价指标和方法的确定、绩效评价指标体系的构建等方面。

2002年，卡尔森（Carlsson）提出，为构建合理的绩效评价指标体系，应当使评价指标多元化，以避免因注重点单一而影响绩效评价的科学性和客观性。詹姆斯·克里斯蒂森（James Christiansen）通过对比多个企业技术创新案例，提出提高企业技术创新绩效应当从四个方面入手：第一，企业能够对当前市场需求变化做出快速反应，以确保企业的创新产品切实满足市场需求；第二，企业开展创新需要对市场需求及未来变化趋势进行分析；第三，企业要制订控制创新周期时长的方案，以减少因创新周期过长而带来的风险；第四，企业在技术创新过程中应当做到减少资源浪费、控制创新成本。

四、关于建筑企业技术协同创新的理论发展

（一）建筑企业技术创新的过程模型研究

建筑企业技术创新过程的理论研究经历了由线性模型到系统模型的演变过程。Tatum提出建筑企业技术创新的实现过程大致分为七个环节，并根据不同类型的工程项目案例，建立了包括识别创新动力和机会，营造创

新氛围，发展必要的技术能力，提供新的施工技术，试验与完善、实施过程以及创新反馈机制等过程在内的技术创新过程模型；认为所有环节之间都存在反馈流通与迭代的关系，属于线性过程模型。其过程模型的提出是基于单个建筑企业内部技术创新过程的角度，与跨组织的多主体协同问题不相关。随后有学者在Tatum 的基础上对建筑企业技术创新过程开展了深入的研究，比较典型的有Kangari提出从产生技术创新想法到实际应用需要三步，即新工作策略展望、设计过程、实施改变现状。Bernstein认为建筑企业技术创新的四个关键步骤包括提出创新想法、开展新技术研发、理论知识转移和解决实际问题。

随着对建筑企业技术创新研究的不断深入，出现了关于新技术创新阶段划分的方法，具体包括六个阶段：识别、评估、委托、准备、使用和使用后评价，并确定各阶段策略，及各参与主体在创新实现过程中所扮演的角色，以及众多参与主体在建筑企业技术创新过程中发挥的不同作用。Halim（2004）模拟了创新过程的具体步骤后，指出了建筑业创新实现过程的五个阶段，即问题界定阶段、分析调查阶段、问题求解阶段、全尺寸原型系统有效解决方案建立阶段和商业化阶段。随着研究的发展，对技术创新过程模型的研究也由以往单一的线性模型拓展到了多因素的综合模型范围。比如将目标、策略、环境障碍、动力和组织因素融合在同一模型中，构建出建筑企业技术创新系统模型，认为技术创新过程中的各种因素存在阻碍或促进创新的调节作用，组织、策略、环境与目标之间存在着相互关系，各因素共同影响着创新系统的运行，因此，需要针对不同因素采取相应策略以达成技术创新目标。虽然技术创新系统模型更深入地研究了多因素相互作用条件下的技术创新，但从因素的层次和深度方面并未打破单一性特点的局限。多主体的参与性是建筑企业技术创新的典型特征之一，因此开展多层面的技术创新过程分析，综合考虑以工程项目为依托的众多利益相关者之间的相互作用关系更符合建筑企业技术创新的实际情况。

技术创新过程模型的研究随后发展为“四代”创新过程模型，该模型描述了技术创新当事人（创新者和采纳客户）间的必然联系，肯定了以往的研究成果，强调了创新实施和扩散过程中创新主体间关系的重要性。因此，多主体对创新过程的影响问题也受到关注，技术创新过程的研究内容逐渐突破了从单个企业角度分析的局限，进一步考虑多主体情况下的环境影响，如综合驱动力（Drivers）、投入（Input）、活动（Activities）、参与主体（Participants）、影响因素（Enablers and Barriers）、产出（Benefits）等要素，在多主体层面构建了技术创新的整合框架模型。

（二）建筑企业技术协同创新模式研究

技术创新需要营造良好的创新环境、参与主体相互信赖的氛围。重要管理层对创新的支持有助于促进更多参与主体加入学习与创新。由于建筑企业技术创新链上的参与主体众多，需要构建以创新为主导的组织关系模式，由集成者（Integrator）整合各方资源，实现组织创新与技术创新的协同。每个参与方在技术创新过程中扮演着不同的角色，设计单位和总承包商在设计阶段和施工阶段作为集成者。业主的需求是推动创新的关键，通过约定向其他参与方集体施加压力从而提高工程项目的综合创新能力。在应用创新技术的过程中可能会增加项目的成本和风险，缺乏相关技术知识和经验的业主可能会选择追求短期利益回馈而牺牲创新。相反，有经验的业主会倾向于同设计方和承包方建立长期合作关系，并实行富有创新性的研究和设计方案从而促进协同创新的产生。

建筑企业在协同创新合作过程中，对创新合作伙伴的选择较为关键，需要考虑合作伙伴的竞争力、拥有的创新合作经验、领导者对创新活动的支持程度以及潜在合作伙伴对建立长期战略合作关系的意愿等综合性因素。这种合作性而非合同性的关系有助于保证建设项目参与主体之间长期持续稳定的合作。在建立创新协同关系后需要对其进行管理，有效的组织关系管理能够降低创新过程中合作方之间的风险与冲突，有助于促进参与方之间资源共享与信息沟通。吉斯特认为使用网络治理模式能整合众多组织的知识资源，有助于确保组织间资源流的稳定。

第二节　建筑企业技术协同创新的国内研究现状

随着建筑业的发展，建筑信息化模型（Building Information Modeling，BIM）的推广使用与建筑业创新技术逐渐被重视，各种与建筑业相关的创新管理模式的形成以及全寿命周期理念被提出，国内学者也逐渐重视建筑行业的技术创新发展现状并关注技术协同创新发展的趋势。

一、关于企业技术协同创新的理论研究

黄茂林（2011）将协同划分为销售、运营、投资、管理四类，通过销售收入增加、运营成本降低、投资需求减少来解释协同所产生的投资效益，即协同效益，它并不等于两个企业单独运营所产生收益的简单加总，而是达到了“1+1>2”的效果。

李慧等以技术创新与绿色发展协调驱动体系建设的角度为切入点，分析了陕西省建筑业的技术创新与绿色协调驱动发展现状，把强化技术创新与绿色发展协调驱动作为建筑业追赶超越的重要着力点，探讨了建筑业“追赶超越”的技术创新与绿色发展协调驱动支撑体系，为陕西省建筑业的经济转型和发展提供了新的动力。

彭纪生、孙文祥（2009）以量化的方式对扩展的柯布—道格拉斯生产函数进行政策研究，探讨了政策之间的协同对企业绩效及专利产品的影响，认为人事措施与行政措施之间的协同对重大发明创造与新产品产出比率具有显著的正面影响，而对专利授予具有显著的负面影响。

许斌丰（2018）以区域创新理论、协同学理论、公共政策理论与社会网络理论为基础，从技术创新链的视角出发，对长三角地区三省一市区域创新体系的协同进行了研究，提出具有针对性的区域创新发展建议：第一，区域创新体系协同度研究的是区域经济学与协同学的交叉问题。从创新链的视角出发，针对长三角三省一市的区域创新体系，建立了政策维度与实证维度两方面的分析架构，拓展了区域创新的研究范式。第二，基于技术创新链视角将区域创新体系分为研发投入、技术转移转化和技术应用三个子系统，并完善了区域创新体系技术协同度的评价指标。第三，对长三角地区区域创新体系的改进及政府部门后续创新政策的制定提出了方向性的建议。

二、关于建筑企业技术创新的现状研究

李瑞彤（2019）认为，与发达国家相比，我国建筑行业技术创新能力整体偏低。建筑企业是技术创新的主体，通过提升自身的技术创新能力，进而提高我国建筑行业整体实力，是建筑业转型升级发展面临的关键问题。

曹琛（2018）认为，国民经济的快速增长促进房地产业的快速发展，房地产业关联设计施工环节应充分发挥创新技术的作用，打造功能多元化的建筑产品以满足用户需求。由于建筑工程质量直接同人们的生命财产安全相关，所以需要在施工环节进一步加强建筑施工技术革新，保障建筑产品质量。曹琛在分析建筑业工程施工技术创新必要性的基础上，探讨了当前房屋建筑施工中存在的问题，对建筑业施工技术改革创新提出了建议。

许世杰（2019）认为，随着城市化进程的加快，对土木工程的建筑技术要求越来越高。针对土木工程建筑施工的特点与现状，对建筑技术创新的必要性以及创新方法进行分析，旨在提高工程的建筑质量。

三、关于企业协同创新行为动因的研究

韩翼（2008）对工作绩效结构进行验证性因素分析，提出并验证了影响员工工作绩效的态度因素及整合模型。研究结果显示：工作满意度、组织承诺和目标定向对工作绩效的各个子维度的影响是不一致的。

张艺等（2018）从微观、中观、宏观三个层次研究协同创新内涵、功能，分析在三个层次（微观、中观、宏观）以及两种动因（内在、外在）影响下协同创新产生的绩效。

王玉梅等（2019）系统地分析了传统企业转型升级与技术创新协同的内涵、协同过程、协同因素，建立传统企业转型升级与技术创新协同过程模型，给出协同因素和协同指标。在协同指标中，根据协同作用影响程度的不同，将协同因子分为"一般性因子""待协同因子"和"关键协同因子"三类，并以山东省为研究对象，采用隐马尔可夫模型对传统企业转型升级与技术创新协同因子做进一步的定量分析，识别诱发传统企业转型升级与技术创新的关键协同因子，并提出协同路径。

王会春（2018）对工程项目技术创新的多主体协同关系进行了研究，指出工程项目建设对我国的经济与社会发展意义重大，建筑企业只有通过不断创新施工技术提升建设效率以及建筑产品质量，并大力降低对环境的污染程度，有效节约资源以及能源，才能实现可持续性的发展。

舒辉等（2018）从技术、市场、对象重要度3个维度，提炼出市场推进技术创新、专利、标准协同转化的4种模式，并分析每种模式的典型特征、作用机理和实施条件，为企业完善和加速协同转化进程提供了策略与建议。

四、关于企业技术协同创新机制的研究

陈楠（2019）以济南栋源公司为例，研究了企业依靠技术创新战略从传统制造行业向科技型企业转变的路径，明确了企业技术创新战略的实现

目标以及实施计划，提出加强企业自主能力创新、设立科技成果转化的组织实施、建立激励制度以及积极加强产学研合作等实施措施，对企业技术创新目标的实现起到了关键作用。在技术创新战略保障措施方面，陈楠提出了建设四个保障，即创造性的企业文化的保障、完善现代企业管理制度的保障、研发资金投入的保障以及人才战略部署的保障。

毕立南、薛晓芳（2018）认为信息协同能够提高建筑供应链的运行效率，匹配的信息协同机制是实现业务协同的基础，能够提高供应链的管理效率。以信息协同为手段、业务协同为目标，从供应链脆弱性视角出发，应用现有的理论构建外部稳定机制、跨企业协同机制、跨部门协同机制三方面的层次化信息协同机制，保证信息协同的实现，促进节点企业间的业务协同，在降低供应链脆弱性的基础上提高供应链的整体风险应对能力。

五、关于建筑企业协同创新相关模型的研究

一般技术创新过程模型的研究经历了技术推动模型、市场需求拉动模型、交互模型、并行模型和网络模型五个阶段。技术推动模型和市场需求拉动模型主要反映前一阶段的技术创新向后一阶段发展的进程，仅考虑单一技术推动或需求拉动；交互模型下的技术创新过程主要由技术和市场两大要素产生的交互作用共同引发，增加了反向回馈流通环节；并行模型和网络模型两者都重视企业、部门间的协同作用，强调将内外部资源进行整合利用，充分体现了技术创新过程的协作集成性与复杂性特征。这五种过程模型体现了技术创新由浅入深、由简单到复杂。

俞启元、吕玉慧（2012）根据价值网理论并结合建筑施工企业的特点，分析建筑施工企业价值网的一般形式，提出建筑企业供应链协同模型的基本结构，在此基础上，构建基于Intranet/Internet的建筑企业供应链网络结构模型。

叶玲等（2018）根据创新系统论首先构建了建筑企业技术创新能力评价指标体系；其次，在BP神经网络综合评价的基础上，运用VIKOR法找出建筑企业技术创新存在的具体问题；最后，以福建省18家二级施工总承包建筑企业为样本，实证分析得出案例企业的投入能力、研发能力较弱，产学研结合、信息化水平较差。

陈帆、谢洪涛（2014）认为传统的计算方法难以对建筑技术创新风险进行定量分析。首先，他们将专家先验知识与问卷调查数据相结合，建立建筑技术创新风险评估的贝叶斯网络模型。其次，采用NETICA软件拟合样本数据，得到网络模型各个节点间的条件概率分布。最后，某绿色建筑技术创新项目的应用结果表明贝叶斯网络模型能够比较准确地对建筑技术创新风险进行定量预测，其结果与工程实际情况对比具有较好的符合性。

俞启元等（2012）在分析建筑施工企业供应链协同过程对信息系统要求的基础上，建立了基于数据挖掘和数据仓库的供应链协同决策支持系统，完成建筑企业供应链协同信息管理系统的框架设计，其研究成果可作为进一步研发相应计算机信息系统的基础。

孙喜民、罗西（2014）针对大型建筑企业多元化发展中存在的认识模糊、目标不明的问题，运用扎根理论，对某大型建筑企业多元发展动因进行分析，构建了企业多元产业协同的机理模型，发现企业多元化产业之间存在着业务、职能和政治的三种关联方式，并分别通过分散风险、范围经济、规模经济和市场力量等途径来降低机会成本、生产成本、运营成本并获取超额利润等效益，揭示了建筑企业产业协同的一般性机理，在实践上为建筑企业实施产业协同模式提供了科学支撑。

综上所述，建筑企业各主体之间以及各要素之间的协同度较为关键。在信息全球化的发展潮流中，企业只有通过相互合作才能实现利益的最大化，其中包括企业与企业、企业与政府、企业与高校的合作等。企业之间的合作涉及技术合作、信息交互、资源共享等内容，目的是使整体效益高于个体效益。企业与政府之间的合作涉及开拓国内国际市场空间、促进技术型人才培养、扩大企业规模、拉动产业链和经济增长等内容。政府通过给予政策支持、为企业提供良好的市场环境、建立健全公平竞争的市场经济体制、放松企业贷款政策促进建筑企业蓬勃发展。企业与高校之间进行合作能够整合资金与人才资源，实现人才资源、技术资源、资金资源的充分利用，使得协同运行机制相互衔接产生良好的正向循环。由于建筑企业经营管理的特殊性，受国家政策和市场波动的影响较大，建筑行业政策、行业市场、企业文化、施工技术创新等要素之间的协同配合非常关键。施工技术创新能够带来技术革命甚至引发新的工业热潮，促进建筑业的可持续发展。技术和制度之间存在紧密的内在关联性，其中制度对建筑业发展具有导向作用，创新为制度提供了技术支撑，技术创新水平的提高是建筑企业创新力的保证，为扩大建筑企业规模、促进建筑企业发展奠定坚实的基础。引进技术人才、提高人才待遇、尊重技术、尊重人才，能够调动建筑企业的创新活力与竞争力，为开拓国际国内市场做好必要准备。

六、关于企业技术协同创新绩效的研究

邵云飞等（2018）在协同创新系统框架下构建了理论模型，分析了企业内部技术要素和三类非技术要素协同对企业创新绩效的影响，以及IT能力对于企业内部协同的调节效应。研究结果表明，技术要素与市场要素、组织要素、文化要素协同能够提升企业创新绩效，且技术要素同时与三类非技术要素协同，即组织内部多要素协同对于企业创新绩效的提升效应更加显著，IT能力对企业内部协同与企业创新绩效的关系有正向调节作用。从企业内部协同和IT能力的视角深化拓展了协同创新理论，为企业运用IT能力促进内部协同创新提供了参考。

邹国庆、尹雪婷（2019）在研究企业绩效时加入了商业模式设计因素，认为商业模式设计对企业绩效产生的影响不仅在于企业内部要素组合的创

新性，还取决于商业模式形态的适配性，并以228家民营企业为样本运用多元层次回归分析进行验证，分析结果表明新颖型商业模式能够提升企业绩效水平，其中商业模式设计与技术创新战略对企业绩效具有协同效应，且组织合法性程度越高，商业模式设计对企业绩效的提升就越明显。

胡宝贵、庞洁（2016）以北京市农业产业化龙头企业作为研究对象，通过动态DEA模型测算其技术创新的绩效，再利用多分类Logistic回归模型，以计算所得的技术效率值作为因变量考察不同主体对技术创新绩效的影响程度。

李佩佳（2017）认为农业产业化龙头企业技术创新的综合效率不足，即企业的总体资源配置以及资源使用效率等方面能力有所欠缺。企业与创新各主体在协同创新过程中存在无效率的情况，企业通过与高校、科研机构建立长期合作关系可以提高技术创新效率，但效果并不显著，政府应在协同创新中发挥重要作用。

鲁丽军（2018）对大数据分析能力、协同创新能力、协同创新绩效等概念进行了界定并对三者间的关系进行梳理，构建了“大数据分析能力—协同创新能力—协同创新绩效”理论模型，运用SPSS 22.0以及AMOS 24.0数据分析软件对收集到的数据进行分析，得到各个变量之间的影响关系，并进行了中介效应分析。通过实证研究，主要得出以下结论：第一，大数据有形资源对人力资源和无形资源有正向影响；第二，企业间战略协同对组织协同和技术协同均有正向影响；第三，大数据人力资源和无形资源均对协同创新能力有正向影响；第四，企业间战略、组织、技术等方面的协同对协同创新绩效均有正向影响；第五，大数据人力资源、大数据无形资源在有形资源与协同创新能力各维度之间起着完全中介作用，协同创新能力各维度在大数据人力资源、大数据无形资源与协同创新绩效间起着完全中介作用。

丁洪斌（2009）主要根据建筑施工企业内部实施项目协同管理的思

路，提出具有普遍推广意义的建筑企业项目协同管理成熟度模型，并对模型的实施进行评价，提高了模型的实际应用性。

第三节 国内外研究现状综合评述

通过对协同创新研究成果相关文献资料的归纳和整理可知，协同学理论、企业技术融合创新、技术创新背后运行机制以及衡量创新绩效的研究和应用存在的局限有：

第一，对于协同理论融入技术创新工作的实践方面，多数研究内容局限于利用协同学理论的概念探讨企业在技术协同创新发展过程中各要素间的协同作用关系变化。而协同学理论已经形成一系列较完善的理论体系和研究方法，特别是针对衡量各要素间协同度的数理研究方法。但目前将协同学理论的数理技术方法应用于企业技术创新行为的研究较少，尤其是针对建筑企业开展的研究。

第二，在研究企业技术创新内部运行机制过程中，相关研究仅着重于对各种机制的分析。部分学者专注于探讨技术创新的动力机制，缺乏从系统的角度对各种机制进行因素分析。实际上，各种创新机制之间存在着复杂的非线性相关关系，不能只关注一种机制的作用而忽略其他机制的存在。构建和完善相关机制并实现有限资源的高效整合是实现协同创新的必要手段，也是认识企业技术创新规律变化的客观需要，是促使企业管理者全面系统地掌握企业技术创新的实质与核心。

第三，针对衡量企业内部各种机制间的协同度以及对企业价值影响的定量研究方法尚不完善。从效率角度对协同与创新绩效进行评价研究，相关文献资料并未对技术协同创新绩效的概念做出统一界定。由于创新投入转化为产出成果贯穿于全过程，且投入与产出属于多变量和不同量纲，要客观合理地测算出创新的效率较为困难。

第四，从评价技术方法来看，目前较多采用传统的数据包络分析法、主成分分析法以及因子分析法等理论方法。但传统的数据包络分析方法在评价绩效结果时只能对有效决策单元与无效决策单元进行区分，而不能将有效决策单元做进一步有效值排序，此方法的应用性存在局限。

本书采用经过改进后的超效率数据包络分析方法，利用MATLABR 2017b作为辅助计算工具，实现对建筑企业技术协同创新的绩效排序改进，可为建筑企业技术协同创新决策提供参考，同时也将促进创新理论、协同学理论与技术协同创新绩效评价方法在建筑企业技术创新研究中的应用。

第二章　建筑企业技术协同创新发展现状

第一节　建筑企业技术创新发展现状

改革开放以来，我国建筑业得到了快速发展，产业规模不断扩大，吸纳了大量农村转移的劳动力，带动了关联产业发展，并为经济和社会发展、城乡建设和民生改善做出了重要贡献。随着经济的快速发展，建筑业形成了大而不强的局面，其技术创新能力不足、行业创新制度不健全等问题也开始呈现。党的十八大做出了“实施创新驱动发展战略”的重大部署，党的十九大报告再次明确指出“坚定实施创新驱动发展战略，提高全要素生产率，加快建设创新型国家”，并将创新驱动发展作为国家的优先战略。

一、建筑企业技术创新能力发展现状

技术创新能力的高低不仅关系着建筑业的长远发展，更关系着我国经济持续健康发展。根据2018年中国国家发展和改革委员会办公厅公布的国家技术认定中心评价结果，发明专利拥有量前50名中仅有一家是建筑企业（中国建筑工程总公司，排名第29位），研究与试验发展经费支出额前50

名中，仅有4家是建筑企业（中国建筑工程总公司，排名第7位；上海建工集团股份有限公司，排名第28位；中铁十二局集团有限公司，排名第39位；中铁十一局集团有限公司，排名第46位）。由此可知，我国建筑企业总体技术创新能力相对较低，加强建筑企业技术创新能力是推动建筑业转型升级的必由之路。而我国在建筑企业技术创新的评价指标体系研究上起步相对较晚，无法对建筑企业创新能力进行更为完善的评估。

2014—2018年我国建筑企业的技术生产设备率总体呈小幅度下降的趋势，如图2-1所示。

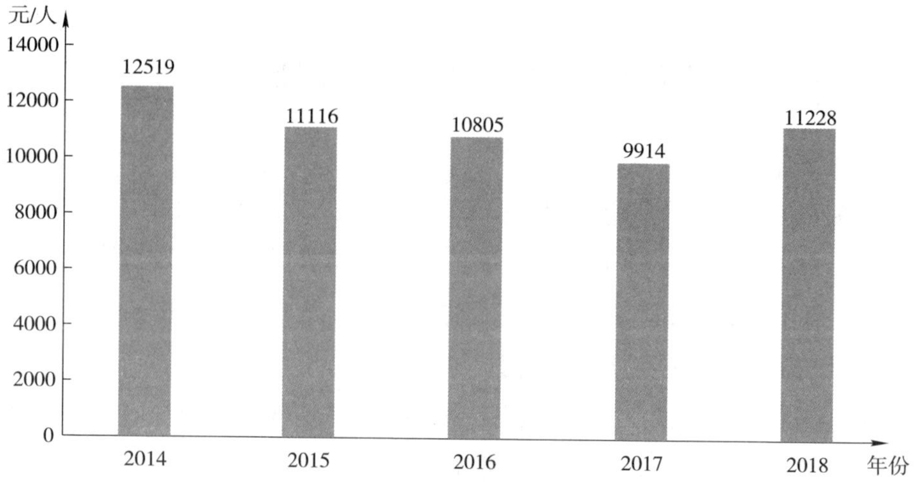

图2-1　2014—2018年我国建筑业企业技术生产设备率

数据来源：国家统计局。

从技术人才引进的统计数据看，2014—2018年建筑业从业人员总数整体呈增长模式，有较小增幅，如图2-2所示；外商独资或港澳台商独资建筑企业从业人员占我国建筑企业从业人员比重小，如图2-3所示，其主要原因在于外商企业对从业人员的综合素质以及受教育程度要求相对较高。

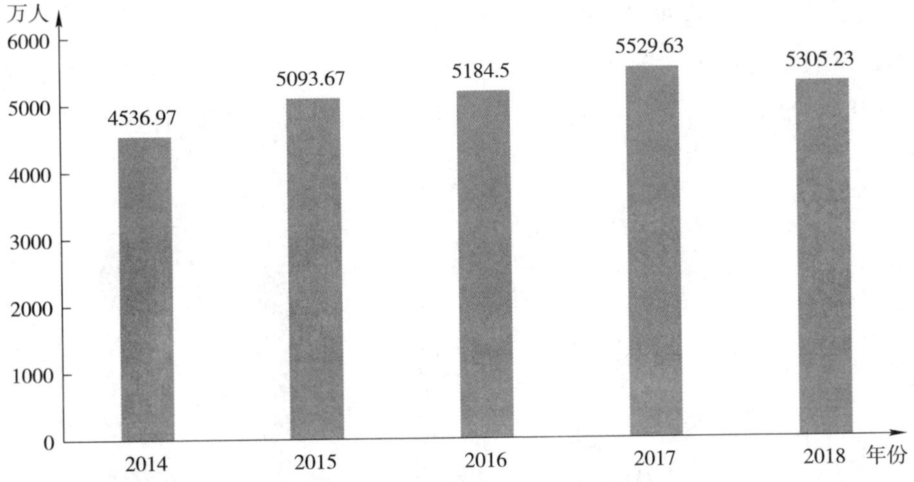

图2-2　2014—2018年建筑业企业从业人员总数

数据来源：国家统计局。

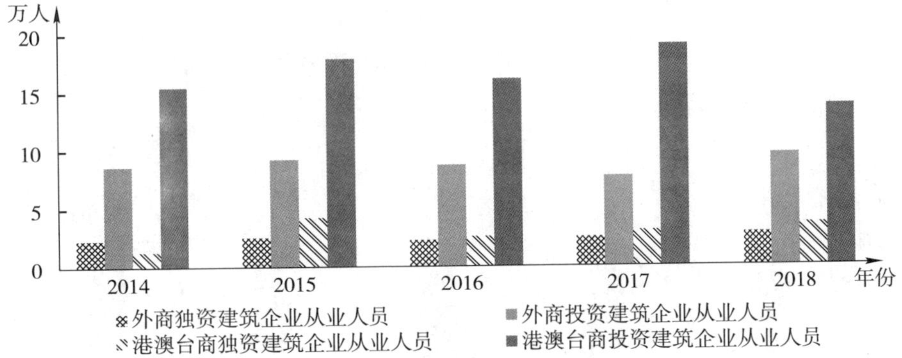

图2-3　2014—2018年不同注册类型建筑业从业人员

数据来源：国家统计局。

从产生的经济效益看，2014—2018年建筑业生产总值占国内生产总值的比重呈下降趋势，表明我国建筑业的经济增长模式已经进入平稳时期，如图2-4所示。从生产效率看，建筑业劳动生产率总体呈小幅增长趋势，但未来可增长空间较大，需要鼓励创新提高劳动生产率，如图2-5所示。从建筑产品国际市场竞争力看，在2019年中国《建筑时报》与美国《工程新闻纪录》杂志共同评测的2019年“中国承包商80强”中位列榜首的中国建筑股份有限公司国际营业额为128.13亿美元，排名第九，表明未来开拓国际市场需要更强大的创新动力，国际建筑市场仍有广阔的空间。

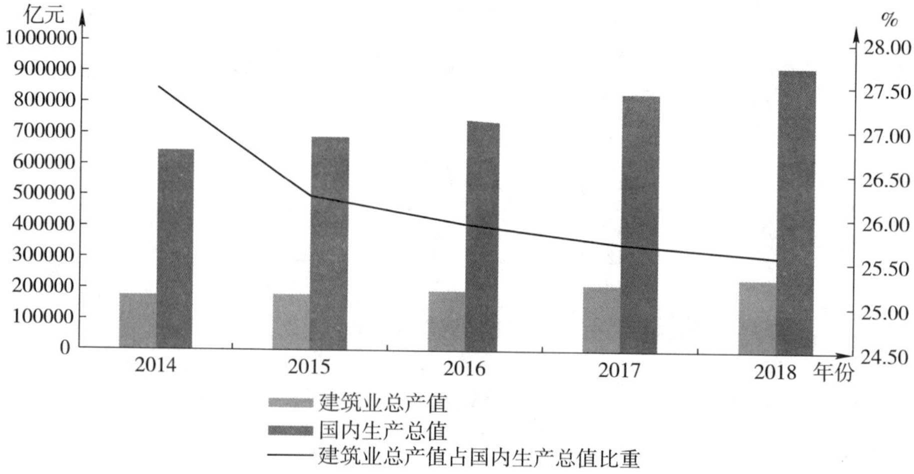

图2-4　2014—2018年建筑业总产值与国内生产总值趋势

数据来源：国家统计局。

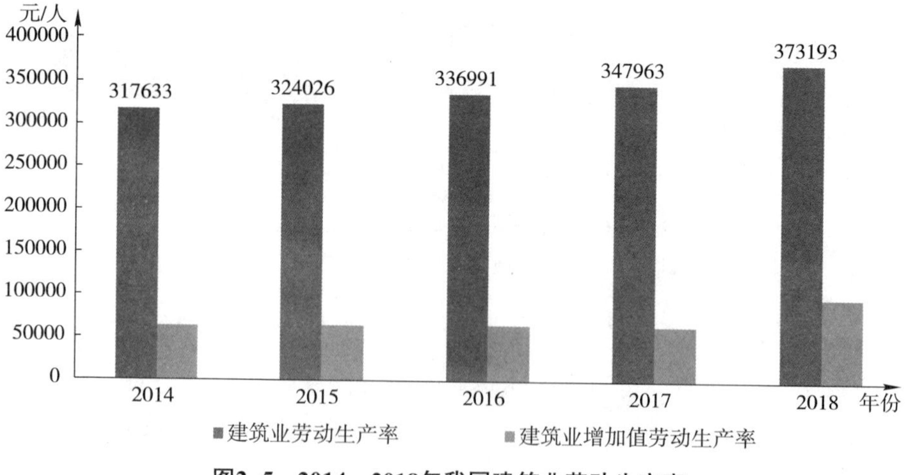

图2-5　2014—2018年我国建筑业劳动生产率

数据来源：国家统计局。

从市场动态角度分析建筑业技术创新能力，建筑业的市场动态变化关系着企业的重要资金周转决策。建筑企业实施技术创新要在充分的市场调研数据基础上，结合自身的实力以及承受资金风险能力进行决策。市场要求建筑企业做到强化市场调查、市场产品营销和预测，形成市场调查预测、科研开发、生产转化、市场营销一体化的技术创新机制；强化市场管理手段，争取保证创新资源合理有效利用，决策者应分析市场知识与技术协同创新的结合难点，针对市场知识与技术协同创新的模型分析做出相应决策；强化科学决策的计划、组织、协调、控制和监督工作。市场产生竞争，竞争推动技术进步，使企业充满活力。虽然企业通过不同的价格策略、产品的差异策略、成本策略竞争方式，推出自己的产品，但其目的相同，即占有更大的市场份额，争取丰富的市场资源。市场是企业的主战场，而创新是企业的有力武器。要想在市场中谋求足够的生存空间，企业必须将技术创新摆在首要的战略位置。

二、技术创新机制发展现状

自改革开放以来，我国建筑企业的技术与经济等综合实力均得到了一定发展，同时通过引进国外先进的建筑施工工艺技术提高了我国建筑业的整体实力与水平。但与国外领先的建筑企业相比，我国多数建筑企业并不具备在国际市场中竞争的技术优势。而制约我国建筑业技术创新发展的一个重要因素是技术创新发展的机制，直接影响技术人员的创新动力，完善技术创新激励机制是进行技术创新的关键。具体来说，我国建筑业技术创新存在以下问题：

首先，技术创新发展机制不健全。当前，我国对建筑企业技术创新的研究投入不足，创新成果较少，科研转化率低，科研产出的经济效益不显著，直接导致建筑企业的盈利能力差。如果企业不能获得创新经济效益，则会降低对创新的投入，容易形成“低收益—低投入”的恶性循环。与国外先进企业相比，无论是外商投资或外商独资的建筑企业，从业人员占建筑企业总体就业人员比例、建筑企业技术设备率及建筑业劳动生产率等方面的指标值都普遍较低，制约了技术创新的发展。首先，我国建筑企业在过去一段时间更偏向于研究改进具体工程项目中的管理技术、改造具体工程项目的工艺等内容，有合理计划并按计划实施的情况较少，实现新产品的开发与新技术的开发与储存较少，原创性的技术发明及成套技术在工程中的应用也不多见。其次，产业集中度较低，我国目前的建筑行业集中度虽然在加速提升，但总体上仍不够理想。最后，我国建筑业发展增速放缓，建筑企业2009—2019年本年新签合同额如图2-5所示，本年新签合同额指建筑企业在报告期内同建设单位直接新签订的各种国内工程合同的总价款，不包括与其他建筑业企业新签的分包合同额。国家统计局相关数据显示，2019年上半年建筑业产值10.2万亿元，同比增长7.2%，较2018年同期下降3.2个百分点；建筑业增加值2.75万亿元，同比名义增长9.9%，较2018年同期下降2.4个百分点，实际增长5.5%，我国建筑业持续性蓬勃发展的道路还很漫长。

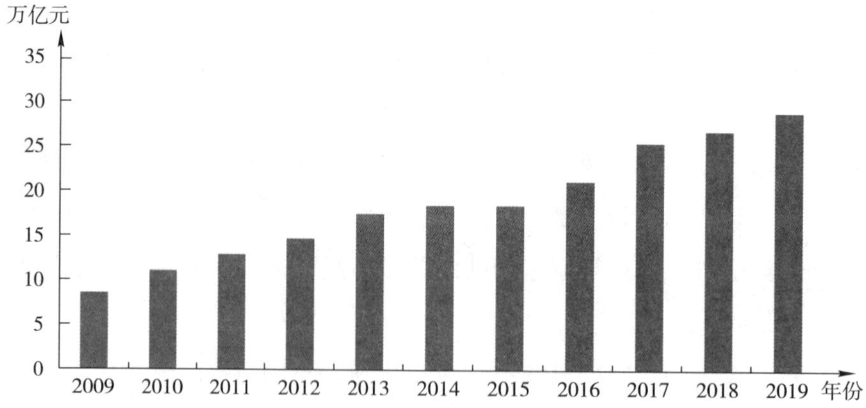

图2-6　2009—2019年我国建筑企业本年新签合同额

数据来源：国家统计局。

三、技术创新意识发展现状

我国建筑行业从业人员对于技术创新的重视程度不足。一方面，施工队伍普遍依靠农民工的一线施工，虽然该群体拥有丰富的施工经验，但缺乏有针对性的理论知识，在处理关键的技术问题时，更多依靠经验解决问题。相较而言，经过专业学习的施工人员可以充分发挥理论优势，结合实践经验更好地解决问题。另一方面，目前我国建筑行业所使用的建筑材料多为水泥、砖、砾石等，主要的施工方式除大型的机械搬运材料以及吊装、泵送施工混凝土等方式外多为人工操作。进行高空作业的工人工作危险度高，且施工方式的现代化技术含量低，亟须提高建筑业从业人员的技术创新意识。部分研究人员认为现代建筑业的施工工艺和技术基本满足施工需要，大力推广技术创新的改革性措施依旧很遥远，但在科学技术发展日新月异的现代社会，通过科技创新向现实世界的实物生产转换的趋势已不可避免。建筑业作为国民经济支柱性产业，应引领其他产业蓬勃健康发展，进一步提高认识，主动迎接新挑战，走上技术创新的道路。

（一）从政府政策角度分析

提高我国建筑业技术创新水平要从提高技术创新意识着手。政府政策作为我国建筑业的风向标，对建筑业的健康发展具有导向作用。通过推动技术创新制度改革，建立和完善市场技术创新奖惩机制，为技术创新提供必要的条件和保障。技术创新机制是技术创新成功的保证，建筑业企业必须加快技术创新的步伐建立技术创新机制，形成以产权清晰为核心的技术创新体制。另外，还应建立保证技术创新运行的机制，包括创新奖励机制、动力机制、决策机制、投入机制、技术获取机制、产权专利保护机制、技术创新扩散机制以及扩散机制的一级评价机制等，加强技术创新扩散研究的投入力度，提高建筑企业、从业人员的技术创新积极性。目前，建筑企业存在对技术创新的专项基金管理不够重视、对技术创新性成果的专利性保护工作不到位等问题，政府可划拨一定的资金款项用于支持企业技术创新，广泛吸收社会资金参股支持企业的技术创新工作。此外，国家还可以通过注入资本金、债转股等方式，降低银行不良贷款率和企业资产负债率，加大企业直接融资力度，减轻研发投入的资金压力。

（二）从建筑企业个体角度分析

建筑业作为我国国民经济支柱性产业之一，建筑企业的发展与建筑行业的发展态势联系密切。人才是技术创新的载体，对于建筑企业而言，技术创新的重点在技术创新的人才培养上。个人创新的积极性会影响企业创新的氛围与活力，企业要提高技术创新意识，重视创新人才培养。适当的惩罚机制能够激发人的被动承受能力，被动性创新。因此，企业的激励机制和惩罚机制可以从物质和精神的双重方向着手，奖励激励机制体现在员工的薪资、福利、休假等方面，根据企业和技术创新人才双方的实际情况采取不同的针对性措施，并且要根据员工的能力、业绩区别对待。如对企业技术创新成果有重大贡献的研发人员实行技术入股的奖励机制，充分调动研发人员的积极性。

建筑企业要尽量为技术创新人员创造条件，对技术创新人员做出的技术创新成果要予以重视、奖励，对获得国家性技术专利成果的人员要给予重奖，对于技术创新成果产生经济效益后给予完成人一定的收益提成奖励，使优秀人才能够在企业中脱颖而出。对正在进行产权制度改革的建筑企业而言，可以将技术创新成果作为技术股入股，鼓励技术等生产要素参与分配。

另外，企业应重视技术创新资金投入过高而引发的风险，建筑企业的技术创新资金投入长期不足会影响企业技术创新能力的提高。技术创新不仅需要技术创新型人才，还需要能够支撑技术创新的硬件设备，软实力和硬实力双重保障才能保证技术创新的实现，企业的创新发展目标才能得到保障。目前，我国建筑企业技术创新的投入主要应用于技术引进，应避免更多注重机械设备的引进而忽视专利技术等软技术的引进。

我国建筑企业不仅要重视软件设备与硬件设备的引进，还应重视企业自身内部技术创新人员的创新主动性与积极性。建筑企业应努力建立起“多元化—多方位—多体制”的投入机制，加强企业的创新投入管理，提高企业科技投入的效率，形成以企业为中心的科技发展基金、企业专项技术创新科技费用等主要内容的科技投入体系，加大技术创新的投入力度。企业可成立专门的技术创新小组或者专门的技术创新项目组，建立一套专门针对技术创新人才管理方案，以启动企业的技术创新项目。

（三）从建筑业从业人员角度分析

建筑行业一线从业人员的理论素质较低，且劳动生产率不高，建筑业人才分布结构不合理，农民工占比较大，管理人员和技术专业人员相对较少，技能人才与发达国家相比存在校大差距。目前，建筑业一线从业人员普遍处于依靠体力劳动的状态，初中文化以下的体力劳动者占80%以上，大中型企业从事技术开发工作的技术人员还不到职工的2%，而发达国家在这方面是我国的5～6倍。中国建筑业从业人员数量相当于美国、日本、英国、法国、韩国和意大利等国的建筑业从业人员总和的1.85倍，是美国建筑业从业人员的4.5倍。然而，其劳动生产率在20世纪90年代总体上相当于日本建筑业的1.25%。在国内，建筑业的劳动生产率（按总产值计）还不及工业及电力、煤气业的1/3。

建筑业是典型的劳动密集型产业，从业人数在整个国民经济就业人数的构成中占较大比重，且正逐年增加。目前，中国建筑业吸纳了4000万左右的农民工，在进城经商、务工的农村剩余劳动力总数中占比超过17%，尤其在中国中西部地区，农民工从事建筑业的比重高达30%，成为城乡之间经济关系的主要结合点之一，在解决“三农”问题中起着不可替代的作用，并为促进社会和谐稳定做出了突出贡献。

农民工群体作为我国建筑业一线施工场地的主力军，承担着施工危险度较高、工作量较大的作业工种，导致本就文化素质相对较低的这一群体缺乏时间和精力去学习、研究技术创新，无法使本身已有的经验优势转化为技术创新成果，且建筑业农民工收入以建筑市场为方向标，由项目供需双方协商达成，依靠超长的工作时间、克服恶劣的工作环境、忍受高强度的工作压力才能获得相对较高的工资收入，从本身的薪资水平来说也很难支撑起技术创新所需的条件与硬件设施。

在知识经济时代，知识作为一种极重要的资源已经成为企业维持竞争力的核心所在。建筑业从业人员的技术创新能力仍需提高，技术创新意识尚有待提升。建筑业技术创新人才流失现象进一步限制了技术创新理论与新技术的形成，新材料、新设备、新工艺在生产中的应用，延缓了建筑业的技术创新速度。

综上所述，我国建筑企业的技术创新意识发展还有待提升，国家、企业以及建筑业从业人员要重视技术创新，从国家政策到企业机制再到从业人员个人意识全方位、多体制进行创新意识的培养，推进技术创新机制体制的完善，建立合理的人才激励机制，成立专项技术创新基金项目，对取得国家性技术创新专利成果的人员给予重视并进行奖励，加大技术创新资金投入，除引进专业的机械设备设施外，还应加强技术研发，提高我国建筑业技术创新能力和意识。

第二节　建筑企业技术协同创新的政策背景

一、建筑企业技术协同创新的国家政策背景

2006年以来，国家和各省级政府对协同创新的推进力度加大，相继出台了一系列关于促进协同创新的政策。2006年底，教育部、科技部、财政部、国务院国资委、全国总工会、国家开发银行6部委成立了推进产学研合作协调指导小组，并且在2007年6月启动了首批产业技术创新战略联盟试点工作。2012年，教育部、财政部联合颁发了《关于实施高等学校创新能力提升计划的意见》，启动国家“2011计划”，旨在突破高校间内外部人才、资源、机制体制壁垒，释放各种生产要素活力。全国科技创新大会后，相关19个省市出台了贯彻落实意见，并把促进协同创新政策作为政策的主要内容。

2014年开始，中国进入经济发展新常态，在此背景下，2015年10月召开的党的十八届五中全会通过了“十三五”规划建议，提出了“创新、协调、绿色、开放、共享”的新发展理念，明确了其后五年我国发展的指导思想。其中，创新发展是“十三五”时期经济结构实现战略性调整的关键驱动因素，是实现“五位一体”总体布局下全面发展的根本支撑和关键动力；协调发展旨在补齐发展短板，解决发展不平衡问题，体现了目标导向和问题导向的统一，是立足长远、谋划全局的战略考量。

“创新”理念的提出是基于我国创新能力相对较弱的实际，以各国的文化产业为基准进行比较，可以看到我国创新型文化业态的发展较为缓慢，在与多种业态融合发展的过程中，业态之间的融合度表现不尽如人意。增强创新意识、拓宽创新思路是对当前“创新”理念的正确理解。

二、建筑企业技术协同创新的地方性政策背景

2006年河南省发布了《河南省中长期科学技术发展规划纲要》，2008年发布了《关于加快科技创新促进产业发展的意见》，2009年发布了《河南省自主创新体系建设和发展规划（2009—2020年）》，2011年出台《河南省人民政府关于进一步推进自主创新体系建设的实施意见》等，构成了河南省科技协同创新政策基本框架。

四川省经济和信息化委员会2014年发布了《关于〈四川省行业协同创新中心认定管理办法（试行）〉的通知》，2017年发布了《推进成德绵协同创新的10条科技政策措施》,2018年四川省委、省政府印发《关于实施“一干多支”发展战略推动全省区域协同发展的指导意见》等，为未来协同创新的发展定了基调。

广东省2018年发布了《2018—2019年度社会发展科技协同创新体系建设专题申报指南的通知》，表示将着力打造部门协同创新的重要载体以及建设广东省社会发展科技协同创新中心，搭建集技术创新、成果转化、产业规划、人才培养、科技服务于一体的综合性创新平台。广东省以社会民生问题为导向，聚焦行业重大需求，积极探索部门间横向联动新机制，促进科技体系与业务体系有效融合，完善社会发展科技协同创新体系。

湖北省计划建立协同创新中心，在2013年发布了《湖北省协同创新中心建设与运行管理试行办法》，为深入实施创新驱动发展战略，推进以科技创新为引领的全面创新，按照《科技部关于同意湖北创新型省份试点建设方案的函》的要求，结合湖北省实际情况，在2016年印发《湖北省创新型省份建设推进计划（2016—2020年）》。

山东省2014年为贯彻落实党的十八大报告提出的创新驱动发展战略要求及《教育部 财政部关于实施高等学校创新能力提升计划的意见》精神，积极推动协同创新，促进山东省高等教育与科技、文化的有机融合，充分

发挥高校特色和优势，显著提升高校创新能力，更好地服务山东经济文化强省建设，省财政厅、省教育厅、省科技厅决定实施“山东省高等学校协同创新计划”。为深入实施《“十三五”国家科技创新规划》《山东省国民经济和社会发展第十三个五年规划纲要》，发挥科技创新在全面创新中的引领作用，加快创新型省份建设，为建设经济文化强省和在全面建成小康社会进程中走在前列提供科技支撑，山东省制定了《山东省“十三五”科技创新规划》。

全国各省份积极响应，全力推进协同创新发展，在这种背景下，建筑业的技术创新协同发展是符合发展规划的，有广阔市场和生存空间。

第三节　建筑企业技术协同创新的行业背景

一、绿色建筑与技术协同创新

在全球气候变暖的大环境下，各行业的能耗量是一个引人关注的热点问题。相关统计数据显示，我国建筑业能耗总体占到了总能耗的30%以上。绿色建筑指的是从建筑设计到建筑建造再到建成使用的过程中，将建筑物与设计学、美学、人体工程学以及能源、环保问题紧密地融合，创造出符合环境保护要求的建筑物。在满足同样使用功能要求的同时做到更有益于环境保护，使人的工作舒适度更高，污染物的排放量更少，达到环境保护与功能性需求最优的效果。绿色建筑在建筑领域是循环经济的代表，有利于环境保护，相比传统建筑更能节约建筑材料和能源，有利于人体健康。

我国绿色建筑发展相较于一些发达国家起步稍晚，且不同区域、不同特点的建筑有不同的评价标准。目前，政府正在大力推动普及绿色建筑，绿色建筑将进入下一阶段的成长加速期。绿色建筑是建筑业践行绿色发展理念的重点内容，2005年原住房和城乡建设部及科技部印发《绿色建筑技术导则》，2019年发布国家标准《绿色建筑评价标准》，绿色建筑在我国的发展已经超过十个年头，并取得了令人瞩目的成绩。我国已初步形成了绿色建筑体系标准及制定了相关政策，多个地方政府对绿色建筑进行立法，已衍生了健康建筑、绿色校园等更为贴近广大人民群众健康生活的工程建设标准，绿色建筑这一理念也进入了发展的新时代。

在创新发展的大背景下，近年来技术协同创新逐渐进入大众的视野，在建筑行业考虑协同创新、将技术创新与建筑行业各因素进行融合、发挥更好的效果的情况下，协同创新成为绿色建筑发展的新动力。

绿色建筑的协同创新是指在重视绿色建筑的高质量发展前提下，以多重主体、多种因素共同协作、相互补充、高效配合的创新行为。目前，协同创新的主要表现形式为“产学研”模式，即以企业、研究机构、政府部门为主相互协同工作，将研究机构的科研能力与企业的资源优势以及政府部门的支持相结合，构建产学研技术协同创新平台与模式。绿色建筑的技术协同创新模式应重点利用各部门的资源优势，着眼于解决建筑行业朝着绿色建筑发展遇到的难题，以问题研究为导向，建立创新型人才队伍，完善相应的运行机制和体制，争取在建筑行业起示范作用，引领新的行业发展浪潮。各部门之间应进行多方位交流与沟通、多样化的模式协作，努力推动绿色建筑多样化、高质量、全方位的发展。

目前，绿色建筑的技术协同创新形式大致分为组织形式与技术发展两种。从组织形式上，部分地区分别建立起技术协同创新平台和中心，如天津绿色建筑协同创新中心、江苏建筑节能与建造技术协同创新中心等机构。这些机构与各科研院所、地方政府协同开展了关于绿色建筑领域的研究课题，促进了绿色节能技术的集成与成果的转化，推动了建筑业的发展。从技术发展上，绿色建筑在发展中被解释为各种形式的技术性概念，如装配式建筑、主动式建筑、被动式建筑、零能耗式建筑等，将不同的概念进行组合研究并应用到生产实践环节需要花费极大的精力，这也是丰富和发展绿色建筑协同创新理论的途径之一。

二、装配式建筑与技术协同创新

随着工业4.0计划的提出和全球知识经济时代的到来，以创新知识经济、协同发展为主题的发展趋势引起我国建筑行业的关注。目前，我国建筑业自主创新能力总体来说较弱，与世界先进建筑技术相比仍有较大的差距，主要表现在：核心技术创新能力及技术的研发生产能力相对较弱，建筑业的关键技术和部分关键部位制造依然为发达国家所垄断，高性能的建筑产品以及建筑材料产出少。这些问题严重阻碍着我国建筑业技术协同创新能力的发展，但近年来发展态势逐渐趋于良好。

装配式建筑是指房屋各构件经过工厂加工预制后完成的预制构件，在建筑工地将构件进行拼装组合以及部分结构现浇而成的建筑。相比于传统建筑，装配式建筑最突出的特点就是成本更低、工期更短、绿色施工并且能够提高建筑质量，管理上达到生产标准化和信息化建设要求。在信息化管理过程中可以根据不同的客户群体需求对建筑构配件的形状、生产用途以及所需的特殊生产工艺进行定制或预装，并且通过信息化进行资源管理、网络数据收集，能够在协同创新的网络管理下实现高效率生产方式。在国家可持续发展的战略定位下，装配式建筑通过建筑网络进行网络技术协同创新发展是未来的热点。通过协同创新网络技术有效合理集中资源，对装配式建筑进行资源信息整合，打破信息壁垒，更好地适应我国建筑业协同创新发展。通过协同创新网络技术，能够最大可能实现“低成本”“低能耗”“低浪费”的绿色化建筑业可持续的协同创新发展模式。目前，装配式建筑可以通过BIM技术，利用云数据以及先进的云计算工具和物联网工具对建设工程进行精细化和智能化管理，实现装配式建筑的云技术协同创新管理。

三、零能耗式建筑与技术协同创新

零能耗式建筑是指不消耗常规能源，完全依靠太阳能或者其他可再生能源的建筑。从节能建筑、绿色建筑、生态建筑、可持续性理念到倡导的低碳理念，目标是降低二氧化碳的排放量。许多欧美国家如瑞士、加拿大以及德国都已发展了零能耗式建筑。中国目前的高能耗建筑所占比重大，高污染是高能耗建筑的特征之一，影响居住舒适度，因此高能耗建筑不符合国家可持续发展战略要求，发展零能耗式建筑的必要条件是保持技术与各要素之间的协同。

第四节　建筑企业技术协同创新发展现状

一、建筑企业技术协同创新特点

（一）高复杂性

建筑企业技术集成复杂、技术创新难度较大。在技术创新过程中，需要大量的主体要素和信息资源交换互动。除技术创新本身存在复杂性外，宏观经济发展、政策影响以及行业技术水平和市场变化等因素也对建筑企业技术协同创新产生影响，技术创新环境的动态性和不可控性增加了建筑企业技术创新的复杂性。高复杂性是建筑企业技术创新的首要特点。

（二）高度产业关联性

技术协同创新并非独立存在于建筑企业，而是与各行各业高度相关。技术设备的装配从研发到生产会经历较长的产业链过程，与设备供应商以及其他上下游企业密切相关。技术协同创新的过程不仅是技术之间的协同，更是制造商、供应商、消费者、研发人员等相关主客体间的协同工作，这些主客体所从事的相关行业也决定了建筑企业技术协同创新的高度产业关联性。

（三）高投入和高风险性

建筑企业技术协同创新必不可少的是建筑材料及建筑施工方式的创新。建筑产品的性质决定了其生产供应过程需要大量的人力、物力和资金投入，在大型的生产过程中以及技术研发阶段更需要大量的资金投入，所以在建筑企业，高投入性是其显著特征。任何产业的高收益必然伴随着高风险，建筑企业技术协同创新的高风险正是来源于技术创新的不确定性。在进入市场之前，由于大部分的技术创新都在进入市场或应用的过程中面临许多不确定性因素，导致前期投入大量人力、物力和资金等资源但后期无法获得预期回报。

（四）高收益性和高协同性

建筑行业是拉动经济增长的重要驱动力。鼓励建筑企业、科研机构及高校、政府部门的高度协同合作，打破主客体之间的资源、体制和信息壁垒。技术创新成功研发产品并投入使用后带来的高收益有助于劳动行业的产业链优化升级。世界各国重视建筑业甚至全行业的技术创新，主要是源于创新带来的高收益。建筑企业从实验、到产品的研发生产，再到投入使用等环节都需要多部门和多系统之间的协调合作，这就要求建筑企业具备高度协同合作能力。

二、建筑企业技术协同创新现状

从建筑行业各个建筑企业的实际发展情况可以看出，中国的建筑业正处在“由大到强”的转变期，此时尤其需要建筑企业进行“创新”与“协同”。中国建筑企业的发展速度经历了高峰期，但建筑产品的品质与其他的发达国家相比仍然存在着一定差距。推进中国建筑行业产品品质提升需要建筑企业加快提升创新速度。

建筑企业技术协同创新是一个复杂的交叉系统，但目前建筑企业之间的技术协同创新动力不足、技术协同创新信息资源交互结构不合理、技术协同创新水平较低、技术协同创新奖惩机制不完善等问题影响着技术创新协同机制的运行。

（一）技术协同创新动力不足

创新的主动性是推动建筑企业技术协同创新健康发展的内在动力。目前，政府对协同创新高度重视，先后推广了“产学研”一体化平台模式和“产学研用”一体化平台模式，但实施效果与预期目标相比还有较大差距，平台的资源闲置和转化率较低，显示我国建筑行业技术协同创新的动力不足。建筑行业技术协同创新对技术应用的阶段和创新力度的要求较高，相关产业之间的材料研发、技术衔接、产品投入生产以及相关国家标准规范变动等情况制约了建筑企业技术协同创新，高标准和高复杂度成为建筑业实现技术协同创新的阻碍因素。

（二）技术协同创新信息资源交互结构不合理

中国建筑行业分类广。改革开放以来，中国的建筑业高速发展，但总体发展质量不高，低端产能过剩，高端建筑行业企业的生产能力不足，配套的生产性服务设施发展也较为滞后，原因主要是技术协同创新的资源信息交互结构不合理，产业链的上下游企业对信息的分配与共享不到位，导致信息资源交互结构不合理问题越来越成为制约中国建筑业发展的重要因素。

（三）技术协同创新水平较低

近年来，国内的人才专业素质提升，劳动力成本增加，经济结构不断优化升级以及科技进步等因素加速了各行各业的信息化速度。中国建筑企业引进先进技术，开展了一系列技术协同信息等资源创新的研究，如应用大数据背景下BIM技术提前实现仿真模拟建筑物，避免施工工期延误，避免发生碰撞，更好地协调人力、物力、资金、资源等，改变了传统的施工理念和施工方式，逐渐成为未来建筑企业项目管理的发展方向。但目前由于建筑业的产品研发、生产等较分散，上下游企业之间的信息交流不对称，导致研发与生产各环节衔接不到位。建筑业技术协同创新要做好创新过程中主体与客体之间需求交流协同。因此，在协同过程中，应做好建筑企业之间以及建筑企业与用户之间的信息传递、接受及转化，关注技术创新的主体间利益划分，避免产生利益冲突。

（四）技术协同创新奖惩机制不完善

目前，中国建筑企业的科技研发从业人员数量及占比降低，且建筑企业对基础性、关键性领域的研究投入不足，高技术水平的人才引进率相对较低，产业结构的优化调整升级难度较大。技术协同创新的低成功率、高投入性和高风险性决定了奖惩机制的重要性。只有建立健全的奖惩机制，才能充分调动创新主体的积极性，进一步完善建筑企业技术创新交流合作机制、风险承担机制、激励保障机制，提高建筑业技术创新成功率。

第三章　建筑企业技术协同创新概念界定及理论基础

第一节　建筑企业技术协同创新的概念界定

建筑行业包括各种类型的建筑企业。建设单位通过提交项目可行性研究报告确定工程项目是否继续开展，建筑工程设计单位根据项目所在地地质及周边项目环境以及业主单位要求进行初步设计，经过设计单位与建设单位的调整，进一步设计形成工程项目施工图。建筑承包商单位根据建设单位发布的招标公告及相关要求，通过工程项目的公开招标或邀请招标获得工程项目标的。以下论述中将建筑企业的范围定位为工程项目承包商角色。

一、建筑企业的范围界定

工程项目建设不同阶段的活动由分工不同的主体负责。开展技术创新活动的主体必须与负责的建设项目密切相关。在整个建设工程项目的全寿命周期内，承包单位作为建设工程项目的责任主体，负责项目实体的建设工作，因此在工程项目建设过程中不可或缺。本书从工程项目承包单位的角度对建筑企业技术协同创新概念进行界定。

二、建筑企业技术协同创新概念

（一）建筑企业与技术创新

在《经济发展理论》一书中，熊彼特首次提出技术创新概念。熊彼特认为，“创新”是建立一种新的生产函数，即把一种新的生产要素和生产条件的“新结合”引入生产体系。所谓技术创新是指企业家为了追求利润，在市场优胜劣汰的残酷竞争体系下形成的一种对生产要素的全新组合。随后此观点发展为当代西方经济学理论的两大重要分支：一是将技术创新活动纳入新古典经济学的理论体系，形成新古典经济增长理论与内生经济增长理论；二是将技术创新的扩散和技术创新活动的“轨道”和“范式”理论作为研究的重点方向。

将技术创新理论引入建筑企业的工程技术创新活动中，建筑企业的技术创新能力可以被解释为，处于一定资源约束（如资金、工期、建筑材料、施工技术等）的条件下，以提高建筑企业的盈利能力、增强建筑企业自身的综合竞争力（包括技术竞争力、经验丰富程度等）为目的的创新生产资源要素组合形成的创造能力。从建筑企业内部环境、建筑企业外部环境进行分析，技术创新包括创新活动要素的组合协调性、创新活动的作用机制以及测量建筑企业创新能力的模型测度标准体系等。

目前，建筑企业的技术创新仍然存在诸多问题，如技术创新机制的不完善、专项技术人员的缺乏、企业或政府对技术研发的资金投入不足等。全国建筑行业从事建筑技术R & D的专职人员少，并且建筑科技队伍内人才流失与断层现象使得技术创新缺乏相应的专业技术人员资源。扩大培养现有技术创新人才的规模，增加研发资金投入，开展创新培训活动，提高建筑企业创新能力与水平是目前建筑行业需要考虑的重要内容。

（二）建筑企业的技术协同创新

在技术创新的理论基础上学者提出了技术协同创新概念。技术创新理论表明各生产要素的创新组合提高了建筑企业的竞争力与盈利能力，从而提高应对市场变化的风险承受能力。建筑企业的技术协同创新活动是在一系列生产资源的限制条件下，各生产要素寻求集体协同配合，生产要素高度协调的结果。其中，限制条件包括建筑企业资源合理配置程度、投入与产出的效益最大化程度、建筑企业各生产部门之间协调性等内部因素与政府政策对技术创新活动的支持度、建筑行业发展的市场稳定度、建筑行业与科研机构间的技术交流配合度等外部因素。

建筑企业进行技术协同创新活动是指在技术创新的单一要素为主体的基础上，通过分析建筑企业创新活动的过程以及内外部环境下相关要素间的协同配合情况，提高内部环境因素（如企业内部管理体制、内部企业文化、内部绩效考核体系等）与外部环境因素（如政府、企业、科研机构三者之间）的协同配合程度，在工程项目生产过程中形成资源配置最优化和最大化以提高技术创新能力。

三、建筑企业技术协同创新的特点

不同行业的技术协同创新活动条件限制与创新环境要求各异，建设工程项目生命周期长、资金流通量大、对国民生产总值的影响力大，涉及利益相关单位多，因此建筑企业的技术协同创新活动尤为不同。各要素、各部门决定着建筑企业的创新协同度，进而影响技术创新能力的强弱。技术创新是影响企业生产效率与市场经济盈利能力的重要因素，是建筑企业可持续发展的重要驱动力。建筑企业技术协同创新与其他行业的区别在于工程项目主体跨度大、建筑行业信息化体系发展不完善、建筑企业对大部分建筑劳工人员的协同及创新能力要求低。

（一）工程项目主体跨度大

建筑行业的工程项目建设涉及多个利益相关方，不仅工程建设实施难度大，项目相关主体间的配合度也较低。由于建筑业的行业特殊性，项目参与主体跨度大。工程项目的前期决策阶段由建设单位准备项目批准立项等工作，通过批复后的项目由设计单位进行施工图纸的规划设计，再由建筑施工企业投标争取标的，最后开始项目建设的关键工作——施工。任何环节都紧密相连但又各自独立，在项目的建设生命周期过程中，会出现一处修改处处联动变化的情况，因此，对项目相关主体的配合程度要求较高。由于我国实际工程建设项目主体的配合机制不完善，导致建筑企业难以在施工承包工程项目的全生命周期得到及时有效的配合，不利于建筑行业的创新发展，抑制了行业的整体创新活力。另外，在工程项目建设过程中，相应的施工参与主体跨度同样较大。不同承包模式下，工程项目承包单位的工作服务与联系对象不同。整个建筑业技术创新发展不能以某一家建筑企业技术协同创新为衡量标准，且建筑企业技术协同创新能力的评价指标需要进一步考虑工程项目相关方的实际情况。

（二）建筑行业信息化体系发展不完善

建筑行业信息化的发展是必然趋势，发达国家的建筑业积极推进信息化发展，鼓励使用3D可视化技术软件，建立建筑行业数据库共享平台，进行多主体技术创新交流活动，设立专项资金提高建筑业信息化发展速度等。目前，虽然国内不断加强对三维可视化技术模型软件的推广力度，但需要进一步完善推广体系。目前应用的相关建筑业信息化软件很少是由国内自主创新研发的，国外的相关建筑技术规范及标准与我国建筑行业技术规范及标准存在较大差异，这增加了建筑企业在使用相关技术软件时的操作难度，降低了企业的软件使用体验感，阻碍了我国建筑行业信息化发展的步伐。另外，国内对于应用相关可视化模型技术软件的行业规范及标准体系尚不健全，整个建筑行业如果不能形成统一的相关技术模型标准与规范，就会导致建筑行业工程项目在应用三维可视化技术软件时出现难以沟通协调的问题。该问题对于建筑企业，易导致其由于成本增加，被迫放弃使用信息化模型，这不利于推进建筑行业的信息化发展。

通过建筑信息化模型软件能建立工程项目建设全生命周期的可视化模型，从项目决策管理阶段开始，将工程项目信息录入软件模型内，达到同步设计、同步修改的效果，使用软件进行模型设计与检查，集事前模拟、事中控制、事后检查三阶段于一体的全程把控，对建筑企业施工过程进行安全控制、质量控制、进度控制、成本控制等监管，实时应对工程项目建设的风险与困难。

（三）协同创新能力要求低

由于建筑企业的主要工程建设仍采用较为传统的操作方式，大部分从业人员并不需要较强的专业创新知识与技能，这意味着虽然从业规模庞大，但整体技术创新知识理论与实践能力较弱。建筑企业在培养技术创新人员时应尽量多开展技术创新交流与培训活动，组织同行业的各方技术人员定期进行技术创新研讨交流，提升建筑业技术创新人员的创新活力，提高建筑行业的技术创新水平。鼓励不同行业间进行相关技术研发创新交流共享活动，鼓励建筑企业与高校及相关科研机构之间进行技术创新协同交流与协作，建立全方位沟通途径与知识共享平台，共同推动技术创新水平的提高。

第二节　建筑企业技术协同创新相关理论基础

一、创新学理论

创新学理论最初起源于拉丁语，最原始的表述有三层含义：更新、创造与改变。也就是在自然界已有的资源条件下，通过改变生产方式组合创造一种新事物的手段。熊彼特首先用创新学理论解释资本主义经济发展和周期发展，并将创新解释为一种新的生产函数，即企业家在一系列资源限制条件下进行生产要素的创新组合方式。创新的手段包括通过引入新产品提高市场占有率，采用新生产方式方法提高产品的生产量，通过新营销策略及手段提高产品、企业品牌口碑在市场上的知名度，开辟新的产品市场，寻找新的供货渠道以及创建新的企业组织管理模式等。

熊彼特是创新理论的奠基人，将“创新”的概念首次引入经济学，并提出了以创新为核心的相关经济学理论，为后期的创新理论发展及延伸提供了基本的理论框架。熊彼特认为“创新”是一种从未出现过的生产要素或生产条件的“新组合”，其中大致可分为五种情况：①采用新产品或研究传统产品的新特点。②以传统生产方式为基础的尚未经过市场检验的新方法。③开辟传统产品的新市场或新的受众群体。④掠取或控制原材料及半成品的新产品来源。⑤实现一种新的组织管理模式，比如“托拉斯化”的垄断市场。

总的来说，不管是技术活动还是非技术活动，企业总体进行资源优化配置的新活动与研究各参量在资源配置行为中的有序化程度相关，是此时期的创新学理论的一大重要特征。

熊彼特的创新理论经过提炼后可理解为：第一，技术创新（如新产品的开发，产品性能的增加，新方法、新工艺的采用）。第二，制度创新（对原有的生产经营组织方式进行变革进而建立新的生产经营模式）。第三，市场创新（包括市场主体的创新、市场运行原理研究的创新、销售原有产品或新产品的创新、新供给方式的创新）。另一重要特征是“新组合”概念的出现，将新组合理解为“企业”，把实现这一新组合的人称为“企业家”，所以企业的操控者是背后的企业家。即只有不断进行创新行为的企业操控者才是企业家。这一理论说明了创新的结构要素和行为方式，即通过资源的配置优化方式，实现产品、资金、技术、设备及人员的生产要素重新组合，并且解释了创新的实现过程和群体性特点，因为新的组合并不完全按照预期出现，也不能依据简单的概率原理预测出现的时间，创新在时间的分布上是不均匀、不确定的。但创新的出现是成群成组的出现，也就是一种领域的创新行为会带动相关行业领域的创新行为出现，在此过程中通过“创造性破坏现有行为模式”，实现经济周期性的发展。

后来学者不断扩展创新学理论，将创新学理论分为两个不同的理论方向和理论分支。一是技术创新理论。技术创新理论的主要研究对象是技术要素同市场要素的创新。二是制度创新理论。制度创新理论的主要研究对象是组织变革与制度创新。

（一）技术创新理论

技术创新理论是从熊彼特的创新理论分化出来的，经历了三个发展阶段。技术创新理论发展的初始阶段是20世纪50年代下半期到70年代初，这段时期为技术创新理论的初始发展奠定了理论框架。技术创新理论发展的专题研究阶段是20世纪70年代初到80年代初，这段时期为技术创新理论的深入发展奠定了基调。20世纪80年代中期直到现在为技术创新理论发展的第三个阶段，技术创新理论研究进入综合性、实用性和回归性探索的阶段，突出了理论对实践的指导作用，增强了技术创新理论研究的生命力。

截至目前，技术创新理论发展逐渐呈现综合性，很大程度上是由于计算机技术不断发展成熟、机器智能算法的出现与发展。将现有理论模型与实际相结合，将技术创新理论与信息化社会发展的技术工具相结合对创新现象做出定量解释，是技术创新理论发展的又一重要趋势。虽然学者对技术创新理论的内外部实现机制、内外部实现动因、内外部环境等问题进行了研究，但未形成系统的理论框架。实际上，学术界尚未对技术创新概念形成统一的定义。对技术创新理论的理解差异性主要体现在：对技术创新内涵的理解、技术创新同多种要素创新之间的概念边界划分不清晰。主要原因首先在于系统内的技术要素创新与创新行为联系紧密，技术系统和经济理论系统的解释存在较强的跨范围、跨区域特点，技术创新的主要内涵十分繁杂。其次，在不同学科、不同领域交叉的状态下对同一技术创新行为进行研究，不同主体对技术创新行为的内涵有不同的理解。最后，技术创新行为的发生机制与行为主体“人”密切相关，复杂的个体行为的差异会给技术创新带来不同的影响。

（二）制度创新理论

制度创新理论是创新学理论的另一个重要分支流派，后期学者结合“创新”与“制度”的概念，对制度变革与企业经济效益之间的相关关系进行了研究，拓展了制度经济学理论，进一步扩大了创新的理论范围。对制度创新的研究主要从制度创新的目的、制度创新的动因、制度创新的作用模式以及制度创新的特点着手。

一是制度创新的目的研究。制度创新在于创新者为实现利益最大化对制度进行的变革。制度创新与技术创新最大的不同在于，技术创新是由技术的新发明引起，制度创新是管理者为实现创新发展，对组织生产形式与生产经营管理形式进行的调整。同时，技术创新与制度创新又是相似的，都是新的生产组合方式。

二是制度创新的行为动因研究。企业进行制度创新的目的在于打破传统的制度管理模式，即当目前现有的制度安排模式在现存的市场中不利于企业追求最大化的利益时，企业家就会改变企业的制度组织模式，产生相应的制度创新行为。但市场存在风险，不确定性因素对管理模式有着重要的影响。即便如此，制度创新仍是帮助企业获得潜在利润、实现利润最大化的有力手段。制度创新的成本也会影响创新的预期收益情况，只有当产生的收益值大于制度创新的成本时，制度创新行为才有可能发生。影响制度创新的因素有技术变革、组织费用、信息的共享、收益与成本。

三是制度创新的模式研究。制度创新的模式在西方新制度经济学理论中分为诱致性制度变迁形式和强制性制度变迁形式。诱致性制度变迁是指在发现分配制度不均衡导致利益获得概率将会不同程度增加时，个体或群体自发形成的制度变迁。而强制性制度变迁则是由政府以法令形式推行的变迁。诱致性制度变迁的特点是出现以一个主体或一个群体为制度变迁的领先者，新制度经济学家把这个个体或群体称为“初级行动团体”，熊彼特称之为“企业家的集合体”，都是由有创新思想及强大行动力的创新者组成。诱致性制度变迁与技术变迁二者相互影响、相互作用。技术变迁是制度变迁的根本原因，技术变迁反过来也代表了一个对制度变迁需求的有力支撑来源。因此，后来的学者把技术变迁与制度变迁放在一个相互作用的逻辑框架内进行研究。

四是制度创新的特点研究。从发展路径上制度创新具有路径依赖性，从发展的时间周期特点上制度创新具有变迁时滞性。路径依赖性特点源于经济学中“技术轨迹依赖”，是指人类社会中的技术演进或制度变迁与物理学中的惯性类似，即一旦进入某一路径（不论路径优劣好坏），就可能对这种路径产生依赖。与人做出某种选择类似，惯性的力量会使这种选择不断地进行自我强化，轻易不能摆脱这种依赖。一旦某个体制被选择，由于规模经济、学习效应、协调效应、适应性预期以及既得利益约束等相关因素的存在，会导致该制度不断自我强化。道格拉斯·诺斯用路径依赖性这一特点阐释了经济制度的演进，并因此获得1993年的诺贝尔经济学奖。他从制度的角度阐释了所有国家并未走上相同发展道路的原因，阐释了经济落后国家长期陷入“经济不发达”的制度怪圈的原因。惯性力量是产生路径依赖性的主要原因，经济学领域与物理学领域都存在自我强化机制和报酬递增机制，这些机制的作用源于被选择的制度或路径存在自我强化功能。路径依赖性的形成还有一个重要的原因：经济学理论上的“沉没成本”。对组织而言，一种制度形成后，围绕这个制度将形成核心利益集团，这种利益集团对制度要求极高，需要不断巩固和强化现有制度，保障原有的利益集团成员继续获得利益。对于个人而言，从做出选择时开始，为了达到目的会不断投入精力、资源等，即使突然发现最初的选择不合理也不会轻易改变最初选择，否则自己前期的资源、精力投入不会产生任何价值，也就是“沉没成本”。通过既定的路径，经济活动和政治制度的变迁可能进入良性循环的状态；同时也可能沿着错误的路径继续发展，被锁定在原有的无效率状态下进入恶性循环的怪圈。这时，依靠内生力量打破此状态的机会极小，只有引入外部效应，依靠更加明显的强有力的外生力量如政权变革，才能实现对原有方向的及时止损和状态的扭转。

具有适应性的有效率的制度变迁路径允许个体或群体组织在最初的不确定环境状态下选择最大化目标值，允许个体或群体组织进行各种试探性行为，允许建立有效的反馈机制，对无效或负面的结果进行识别。相反，在市场不完全、组织无效的情况下建立的制度变迁路径，在起始阶段也会产生报酬递增机制作用，使个体和群体组织以及相关利益集团与相关制度共存亡。由于制度的变迁将对现存利益进行转移和重新分配，于是同原利益集团产生利益阻碍，利益的阻碍也会妨碍制度的变迁，制度创新总是晚于潜在利益的出现。也就是在潜在利益出现和使潜在利益内部化的制度创新之间存在的时间间隔，即制度变迁时滞性。

（三）技术创新理论与制度创新理论的联系

技术创新和制度创新作为同一创新理论的两大重要分支流派，存在着紧密的联系。技术创新理论主要是指被市场淘汰的旧技术，转变为由“企业家”进行的新生产要素与生产方式的组合，推动生产方式改变的新技术。制度创新理论主要是指原有的一套指导生产实践的制度方法在新的社会环境下，不再适应社会生产发展的需要。新的环境影响，推动组织进行必要的制度改革与变迁调整。因此技术创新理论和制度创新理论本质上说都是一种由旧到新的变化机制，因此具有相同的特点。首先技术创新和制度创新的演变机制的相同点是两者都存在报酬递增与自我强化机制。技术创新在后期阶段，当某项技术走向成熟，经过市场的检验后技术应用率、普及率将大幅提高，最终会形成一条成熟完整的技术生产链。通过间断的、无规律的突破性创新活动，这种固化的技术生产模式被打破，出现创新的技术变迁现象。制度创新的后期阶段，当制度运转走向正轨，制度运行的轨迹化痕迹会逐渐加深而形成更完整的制度体系，最后沿着越来越成熟的制度体系继续运转，经济活动与制度变迁有可能进入良性循环，也有可能进入无效率状态。这时无效率状态需要外部因素与外生力量的干预，扭转固有的制度体系，打破僵局。

技术创新与制度创新两大流派存在差异。诺斯指出，制度变迁的过程还会受市场交易因素影响。两种力量决定着制度变迁的方向和速度。一是报酬递增机制，二是由显著的交易费用所确定的不完全市场，如果没有报酬递增和不完全市场，制度是不重要的。而随着报酬递增和市场不完全性的增强，制度的重要性开始呈现，自我强化机制仍起着重要作用，只是根据不同的表现呈现不同的特点，具体表现为学习效应、协调效应、正式规则、适应性预期等特点。

制度设置初期花费的成本极高，但后期随着制度不断的完善，单位成本和追加成本开始下降。学习效应是指为适应制度而产生的组织会抓住制度框架提供的获利机会。协调效应是指因适应制度而产生的组织与其他组织缔约，为保证自身的既得利益，会对现存制度进一步投资，实现组织在现存制度中的协调发展。正式规则的产生将导致其他正式规则以及一系列非正式规则的产生，用来补充正式规则。适应性预期是指随着以特定制度为基础的契约盛行，将减少使这项制度持久维持的不确定性。总之，制度矩阵的相互联系网络会产生大量的递增报酬，而递增报酬又使特定制度的轨迹保持下去，从而决定经济长期运行的轨迹。

由于制度变迁比技术演进更为复杂，所以行为者的观念以及由此而形成的主观抉择在制度变迁中起着更为关键的作用。诺斯认为，“在具有不同的历史和结果的不完全反馈下，行为者将具有不同的主观主义模型，因而会做出不同的政策选择，因此，制度变迁过程中，边际调整就不会完全趋同”。所以，不同历史条件下形成的行为者的不同的主观抉择，既是各种制度模式存在差异的重要因素，也是不良制度或经济贫困国家能够长期存在的原因之一。制度变迁的持续推动能力依靠的是制度体制下受益的集团组织。

二、协同学理论

竞争与协同是自然界和人类社会发展中一直存在的现象。竞争表现为整体系统中各要素之间的差异性和相对独立性。在竞争状态下的各要素不仅相互独立，也同样竞相争夺主导地位。最开始对竞争状态的研究取得突破性进展的是自然科学的生物学科，自然科学的系统性特征显著，系统论的创始人L. 贝塔郎菲提出的一般系统论是关于任意系统研究的一般理论和方法，源于生物机体论，与哲学密切相关，是一种具有横断性质的基本理论。主要任务是以系统为研究对象，从整体出发研究系统整体和组成系统整体的各要素的相互关系，从本质上说明系统的结构、功能、行为和状态。L. 贝塔郎菲强调必须把有机体作为一个整体或系统研究，才能发现不同层次上的组织原理，并在著作《理论生物学》和《现代发展理论》中提出用数学模型研究生物学的方法和机体系统论的概念，将“协调”“有序”“目的性”等概念用于研究有机体，形成研究生命体的三个基本观点：系统观点、动态观点和层次观点。

在达尔文提出生物进化论后，竞争的概念受到重视，并进入基本的科学范畴，促使人们进一步认识竞争对系统演化的推动作用。值得注意的是，达尔文提出的“竞争”概念，是一个较为广泛的概念，“竞争”不仅包含着一种生物对另一种生物的依存关系，更重要的是包含着对个体生命的维持，以及它们是否能成功地繁衍后代。也就是说，“竞争”除了差异性、斗争性和独立性外，还有相互依赖和协同的关系。

协同产生于竞争中，协同和竞争共同构成了全系统运转演化的重要动力。协同是指在系统演化过程中诸多子系统或子要素之间相互作用形成的有序的统一整体状态。自然界中，无论是简单系统还是复杂系统，只要在各个子系统以及组成要素间存在连接、合作、同步、协调等行为状态，协同就存在于系统中。自组织理论包括探究系统演化的协同过程和机理理论。其中，协同学与耗散结构理论、超循环理论是研究自组织过程中的系统科学理论框架。

德国物理学家海尔曼·哈肯（1969，1971）在研究激光理论过程中形成了协同思想，并从一个新的角度揭示了系统从无序到有序状态演变的过程与其内在机制和规律性。在后来的发展中，人们对平衡状态下的系统与非平衡状态下的系统演化研究逐渐深入。最开始人们对平衡态的系统进行了大量的研究，形成了一整套关于处理问题的理论与方法，却忽视了非平衡态的系统演化。随着研究的不断深入，遇到了很多非平衡现象。典型的非平衡系统现象就是激光，激光器的产生和激光的发出就是由于个体合作竞争导致协同，走向自组织的过程。哈肯对大量发光原子突然变动、自发合作导致非平衡相变走向自组织的现象进行了深入研究，详细描绘出了整个协同机制形成的过程。

哈肯发现，在激光自组织过程中起作用的是两类变量，其中一类变量称为慢变量，也称为“序参量”。而另一类即为快变量，由于快变量在临界点附近迅速衰减，它对系统的非平衡相变几乎不产生影响，完全可以忽略不计，决定系统创生与演变的是慢变量。而且，序参量决定快变量，即序参量为自变量，快变量为因变量。慢变量主导着系统的演化并且支配着快变量的行为，哈肯称之为支配原理（slaving principle），也被译为役使原理或伺服原理。伺服原理用一句话来概括，即快变量服从慢变量，序参量支配子系统行为。它从系统内部稳定因素和不稳定因素间的相互作用方面描述了系统的自组织过程。其实质在于规定了临界点上系统的简化原则——“快速衰减组态被迫跟随缓慢增长的组态”，即系统在接近不稳定点或临界点时，系统的动力学和突现结构通常由少数几个集体变量即序参量决定，而系统其他变量的行为则由这些序参量支配或规定。哈肯认为支配原理适用于任何自组织现象，支配原理描述了新系统结构形成的内在机制，由序参量役使快变量与其协同一致，完成自组织过程。对于许多人们有意识推进的自组织过程，协同效应是其追求的目标。协同效应的特点是整体大于部分之和，也就是通常人们所说的1+1＞2的效果。

哈肯从激光理论研究出发探寻所有系统自组织的一般规律，即“能否找到某种能够支配存在于各类系统中的自组织现象的一般原理，这种一般原理与系统组成部分的性质无关”。哈肯把激光理论研究中提出的支配原理作一般性推广，创立了协同学理论。

协同论表明，系统内部各子系统或组成部分协同作用决定系统能否发挥协同效应。协同状态与系统的整体性功能呈正相关。管理系统内部以及人、组织、环境等各子系统内部要素之间相互协调配合，围绕目标协同运作能产生良好的协同效应。反之，若系统内部相互掣肘、离散、冲突或摩擦，会造成整个管理系统内耗增加，系统内各子系统难以发挥其应有的功能，致使整个系统陷于混乱无序的状态。

总的来说，协同论主要研究远离平衡态的开放系统在与外界物质或能量交换的情况下，通过内部协同作用自发地出现时间、空间和功能上的有序结构的方式。协同论以现代科学的最新成果——系统论、信息论、控制论、突变论等理论为基础，吸收了结构耗散理论，采用统计学和动力学相结合的方法，通过对不同领域的分析，提出了多维相空间理论，建立了一整套数学模型和处理方案，在从微观到宏观的过程中，描述了各种系统和现象中从无序到有序转变的共同规律。协同论是研究不同事物的共同特征及其协同机理的新兴学科，是近年来获得发展并被广泛应用的综合性学科，着重探讨各种系统从无序变为有序时的相似性。哈肯把这个学科称为“协同学”，一方面协同学研究的对象是许多子系统的联合作用，以产生宏观尺度上的结构和功能；另一方面它又是由许多不同的学科合作，发现自组织系统的一般原理。

现代管理面临复杂多变且竞争激烈的外部环境，全球经济一体化的趋势日趋明显，企业间竞争激烈，高新技术的出现和更迭越来越快，产品的生命周期越来越短。消费者导向的时代已经到来，消费趋向多样化、个性化，给企业的生产方式带来了新的挑战。市场环境变化和人们生活质量的提高对企业的生产与服务提出了更高的要求。企业生存和发展需要协同内部各子系统之间的关系，融合其他要素弥补自身不足，提高竞争优势。

三、竞争优势理论

竞争优势理论又叫企业竞争力理论，企业竞争力理论主要由外生论和内生论构成。企业竞争力外生论是指企业发展的竞争优势来源于外部力量，如企业所处的市场环境、面临的外部市场机会等。

（一）新古典经济学中的竞争力外生理论

在不完全竞争市场结构的假设下，新古典经济学将个别企业获得超额利润归因于不同的市场结构，认为产业内存在的政府的限制与保护、进入与退出障碍、产品差异化所导致的相对垄断等决定了企业的获利水平。美国哈佛大学的 E. S. Masson 和 J. S. Bain 基于上述理论研究，提出了现代产业组织理论的三个基本范畴：市场结构（structure）、市场行为（conduct）和市场绩效（performance），即所谓的 S—C—P 分析范式。该范式强调企业绩效的差异是由企业市场行为决定的，而企业市场行为又由市场结构决定。由于市场结构、市场行为存在于企业之外，依此可以推断出企业的绩效是外生的。

（二）战略管理学中的竞争力外生理论

战略管理学中的企业竞争力外生理论认为，企业竞争力是企业所处的行业、行业结构和行业竞争强度等各种外部环境因素的综合作用。其代表人物是美国著名的战略管理学家、哈佛大学商学院教授迈克尔·波特（Michael E. Porter）。波特承袭了S—C—P分析范式，将产业组织经济学的成熟概念及其相关理论与研究方法引入战略管理领域，以S—C—P分析范式为基础研究企业的竞争力，并认为企业是同质的，企业竞争力的形成源于其所处的产业结构特征或产业吸引力。1980—1990年，波特相继发表了著作《竞争战略》（1980）、《竞争优势》（1985）、《国家竞争优势》（1990），亦即著名的“波特竞争三部曲”，系统提出了其独特的企业竞争优势和竞争战略理论，在世界范围产生了深远的影响，奠定了其在竞争力理论方面的权威地位。

1. 五种竞争力量

一个产业的竞争强度与最终盈利潜力由五种力量决定，这五种力量分别是潜在进入者、替代品、供应者、购买者和现有竞争者，如图3–1所示。对这五方面进行分析，可以测知该产业的竞争强度与获利潜力。

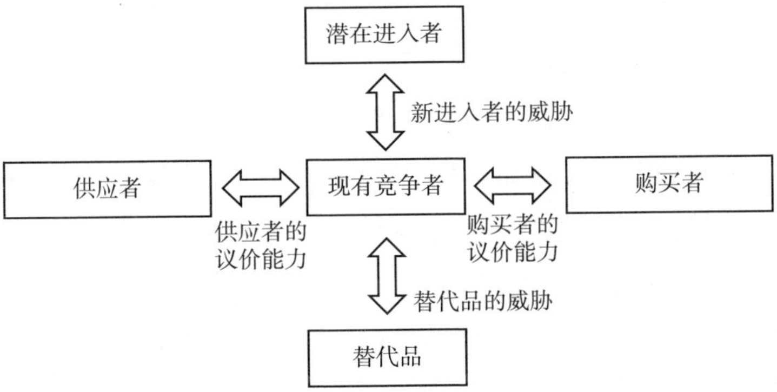

图3–1　波特五种力量模型

2. 三种通用战略

一是总成本领先战略（Overall Cost Leadership）。总成本领先战略又称低成本战略，强调用很低的单位成本和价格为价格敏感型客户提供标准质量产品。这种战略要求企业在生产经营全过程将每个环节的成本压至最低，使自身在与对手竞争时依靠更低的成本而取胜。二是差异化战略（Differentiation）。差异化战略主要是指面对价格相对不敏感的客户群体提供特别的产品和服务，并由此种差异获取高额利润。这种战略能有效地在全行业范围吸引受众群体，核心是依靠企业本身的技术（如产品质量、产品性能、款式、服务、原材料、工艺等）为主要的竞争手段，形成企业自身的品牌效应，使企业在市场中占据牢固的地位，在与对手竞争时积累优势。三是目标集聚战略（Target Focus）。目标集聚战略主要是指在为某一个特定的用户群体或某个产品的详细区段或某个地区市场提供服务时，集中企业的某方面优势资源，为某种单一的战略对象提供优质、高效的服务，在局部市场竞争中获得竞争优势地位。

3. 企业价值链理论（Value Chain Model）

在波特看来，竞争优势产生于企业的设计、采购，产品研发和生产，营销以及服务等一系列生产链中。这些活动相互独立且相互联系，每个环节都对企业的相对生产成本有所影响，而企业可以通过把控生产链而赢得竞争优势。波特的价值链模型表明，企业的价值链由利润和价值活动组成。利润是企业所创造的总价值和价值活动所需成本的差值。价值活动是指价值链中每项创造价值的活动，是企业所进行的在物质形态上和技术上都界限分明的活动。价值活动由基本活动和辅助活动构成，基本活动由直接与生产经营或服务有关的活动构成，具体由内部后勤、外部后勤、生产经营、市场营销和服务构成。辅助活动由与产品或服务无直接相关的活动构成，具体由采购、技术开发、基础设施、人力资源管理四类活动构成。这四类活动不直接创造价值，但它们是实施基本活动的先决或必要条件，能够对基本活动的绩效水平产生明显影响。

4. 波特钻石理论模型

波特认为，一个国家在国际市场所具有的竞争优势来源于该国的主导产业具有的竞争优势，而主导产业的竞争优势又源于企业因创新机制而提高的生产效率。波特据此提出了“钻石理论模型”的分析架构，并认为决定一个国家某种产业竞争力的有四个要素：生产要素，需求要素，相关产业与支持产业，企业的战略、结构与竞争程度，且这四个要素具有双元作用，继而形成一个钻石体系。在钻石体系内，波特还加入了机会和政府两个变量。这四个要素和两个变量又构建出菱形关系模型，如图3–2所示。

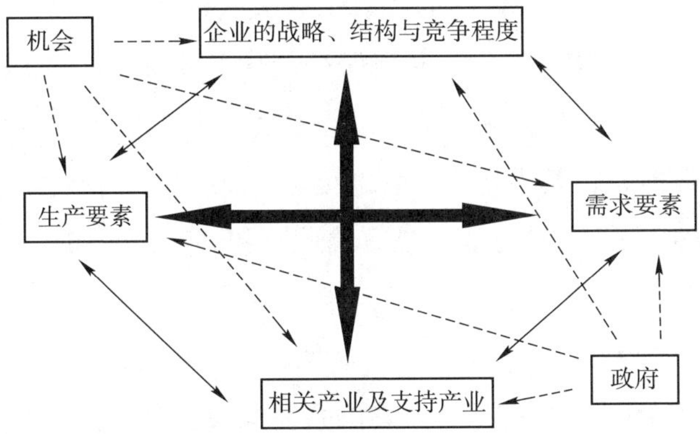

图3–2　波特钻石理论模型

（三）企业竞争力内生论

企业竞争力内生论主要是指企业的竞争力优势由企业内部某些因素决定。企业内部资源、能力和知识的形成、积累和更新是企业竞争力的源泉。20世纪80年代以来，研究者将研究企业竞争力的重点从企业外部转向企业内部，从企业所处的产业环境转向企业内部资源、能力和知识，形成了以资源学派、能力学派、知识学派为主流的理论学派，大大推动了竞争力来源理论的研究。

1. 企业竞争力来源的能力观

竞争力来源能力观就是将竞争力作为企业的一种能力。对于竞争力的能力认识有三种观点：动态能力、核心能力和组织能力。

（1）动态能力。动态能力的观点认为企业是知识的集合体，企业竞争力来自知识的积累和学习。该理论最早由Penrose（1959）提出，他在《企业成长理论》一书中提出了企业是“知识集合体”的观点，并认为知识积累与企业可能性边界扩张存在紧密的内在联系，企业内在成长是动态的，新知识的积累则主要是经济活动内部化的结果，内部化的过程节约了企业稀缺的决策能力资源。后来Richardson在此基础上提出“能力”的概念，认为“能力”是指企业的知识、经验和技能，企业的具体活动都以能力为基础。“动态能力”的概念由Teece（1997）提出，他将动态能力定义为“整合、构建和重置公司内外部能力以适应环境快速变化的能力”。Collis（1995）认为“动态能力”是相对于“普通能力”（操作能力）而言的，将其界定为“普通能力”的变化率管理。Constance E. Helfat等（2003）认为动态能力是有关适应和变革以及建立、整合或重构其他资源的能力。

（2）核心能力。最初提出核心能力概念的是美国著名学者Prahalad（1990）等，他们认为拥有核心能力的企业本质上是“能力的集合体”，表现为企业所特有的积累性学识，载体是企业内部个体、企业组织和核心产品等，经过积累形成了获取竞争优势的异质性资源。核心能力的决定因素为：第一，技术因素，如生产技能和多种技术流派。第二，技术的整合与协调，如“积累性的学识”，“协调”和“有机整合”。将其细化后的核心能力体现在文化、技术、人力资源、信息和组织等因素上。作为核心能力，其获取竞争优势的来源在于异质性，体现为稀缺性、延展性、价值性、难以模仿性。金碚博士将企业生存发展的能力定义为对环境适应性、对资源开发、控制、创新和不受物质资源本身约束的知识，将创意、观念、战略、体制、经营等作为竞争力的要素。

（3）组织能力。Alfred D. Chandler（1992）提出，竞争力是企业的组织能力，并认为现代企业基本的分析单位是自身学习能力。企业能力是企业在发展过程中充分利用规模经济和范围经济所获得的生产能力、营销能力和管理技能，是企业内部组织起来的物质设施和人的能力的集合。

2. 企业竞争力来源的资源观

企业竞争力来源的资源观认为，企业的内在资源是构成竞争力的基础。这一观点可追溯到Chamberlin（1948）等人，他们认为企业特有的资产能力是使企业处在不完全竞争状态并获得竞争的重要因素。最早明确提出竞争力资源观点的是Penrose（1959），他认为企业成长的主因是"组织剩余"（企业的资源）存在不完全市场，为发挥其经济效率，需改变企业规模。在此基础上Wernerfelt（1984）明确提出"资源基础观"，认为企业是资源的集合体，企业资源可以分为有形和无形的资源，企业资源包括品牌、技术、优秀员工、交易合同、机器、有效程序、资本等，独特的资源如厂房规模、忠诚的顾客、生产的经验、领先的技术等也能提高企业的获利能力。Grant（1991）认为企业的外部环境是变化的，并且不能为企业所控制，给出了进入壁垒（专利、品牌、报复能力）、垄断（市场份额）、垂直讨价还价能力（企业规模、财务资源）、成本优势（加工技术、制造规模、低成本进货）和差异化优势（品牌、产品技术、营销与服务）等影响变量。

Barney（1991）对竞争力的资源观理论进行了总结与扩展，指出资源包括企业所有可以控制的资产、潜力、组织过程、信息与知识等，可以划分为物质资源、人力资源和组织资源三类，战略性的资源必须具有价值性、稀缺性、不可模仿性和难以替代性。David J. Collins（1995）等指出价值的评估不能局限于企业内部，而要将企业置于其所在的产业环境，通过与其竞争对手的资源比较，发现企业拥有的价值资源。

3. 企业竞争力来源的知识观

Barney（1991）认为，能够带来竞争优势的“特异资源”正是企业所拥有的难以交易和被模仿的知识。可以说资源基础论和核心能力论最终都属于企业知识理论范畴。野中郁次郎（1991）在《知识创新型企业》一书中指出：在一个“不确定”是唯一可确定因素的经济环境中，知识无疑是企业获取持续竞争优势的源泉。Zollo和Winter（2002）从企业进化的视角对企业知识的学习机制进行了探寻，将企业能力视作企业的经验性知识，认为“企业能力产生于隐性经验的积累、显性知识的明确化和知识编码活动的协同进化”。隐性经验的积累是指对运营惯例不断修正的学习过程，显性知识（Explicit Knowledge）的明确化是指通过集体讨论、任务报告会和绩效评估活动使经验知识清晰化。此外，西蒙（Herbert Simon）、马奇（J. March）、赛耶特（R. M. Cyert）、哈耶克（F. A. Hayek）等学者也从不同视角对企业持续竞争优势与企业知识之间的关系进行了探讨，促进了企业知识理论的形成和发展。

企业知识理论强调，企业是知识的集合体，知识尤其是缄默知识（Tacit Knowledge）是构筑企业核心能力的基础，核心能力是由企业的特殊技能与相关资源组合而成的、可以给企业带来持续竞争优势的综合知识体系。企业拥有的知识才是企业竞争力和长期竞争优势的源泉。企业知识理论认为，企业的异质性源于企业在长期生产过程中形成和集聚的知识的差异性。能力是知识存量的表现，能力差别的背后实际上是知识存量的差别，能力倘若没有知识的支撑，将会成为无本之木、无源之水。正如彼得·德鲁克所说，企业所拥有且唯一的独特资源就是知识，其他诸如设备或资金，不会为企业带来任何独特性，能为企业带来独特性和作为企业独特资源的是它运用各种知识的能力。

第四章　建筑企业技术协同创新行为动因研究

协同创新是各相关要素不断相互协同作用的结果，技术协同创新的实现实质上是技术与企业相关要素协同的结果。建筑企业技术协同创新行为从动因角度主要有两种，一种是内部动因，另一种是外部动因。内、外部动因共同作用促进建筑企业技术协同创新行为的产生。

第一节　企业技术协同创新动因分析

企业进行技术协同创新的过程实际是打破资源壁垒、进行资源整合的过程。企业在国家战略发展的背景下开展创新，不仅能获得政府政策和资金支持，还能履行社会责任。企业根据市场的需求变化调整战略，拓展市场也是企业进行技术协同创新的重要驱动因素之一。在知识经济时代，科技进步既是人类社会发展的方向，也是社会进步的重要动力，科技可以转化为企业未来发展的动力、增强企业核心竞争力，因此企业的技术协同创新同样应该满足未来科技的发展需求。

一、建筑企业技术协同创新内部动因分析

关于技术协同创新的内部动因分析，其影响因素可以从企业自身的管

理制度、硬件设备、创新型人才培养情况、未来发展目标和方向、开拓外部市场资源等方面考虑。建筑行业的企业同样受上述影响因素的制约。从资源基础看，可以将目前市场现存企业按规模划分为小型、中型、大型企业。不同规模的企业其基础资源拥有量存在较大差异，建筑企业进行协同创新是为了满足自身发展的战略资源需要，即资源的互补性是企业进行跨界、跨业态协同创新的原始核心动力。

通过合作打破资源壁垒，双方获得各自所需资源，不仅为建筑企业带来了新知识和新技能，还能为建筑企业创造竞争优势，对提高自身的创新能力具有重要的作用。除此之外，建筑企业、政府相关部门、高校科研机构的协同合作，与外部环境变化互相依存、互相作用，有利于提高建筑企业适应外部市场环境变化的能力，加快建筑企业的技术协同创新发展步伐。

（一）完善建筑企业创新型人才管理机制

知识经济时代最大的特点就是利用知识推动创新，从而推动社会的发展，因此，创新成为未来社会发展不可忽视的聚焦点。创新型人才作为推动创新型知识经济社会发展的重要因素，是驱动社会发展的动因之一。但目前我国创新型人才的培养与供给存在结构失衡现象。建筑业内掌握核心科技的人才、卓越工程师以及行业领军型人才较为匮乏。其创新型人才不足已日渐成为制约我国建筑经济发展的重要因素，可以考虑从人才待遇分配机制、创新成果保护机制、人才培养教育方式等方面解决人才不足的问题。

（1）关注创新型人才的待遇分配机制。分配机制不合理影响了创新型人才的培养效率，影响了创新型人才的活力与技术资源的流动，形成创新型人才的技术流通壁垒，创新型人才大量流失将导致创新质量和效率下降，造成建筑企业人才发展“真空”现象。目前，建筑企业人才培养的重要任务是打破建筑企业创新型人才发展僵局，提高创新型人才的待遇，注重调整分配机制。

建筑企业要打破不合理的待遇分配制度可从待遇、医疗、教育等方面入手，满足创新型人才的生活需求，进一步完善创新型人才的绩效评价机制，按照绩效评价的结果对员工进行薪资发放与奖励。

（2）关注创新型人才的创新成果保护机制。政府应出台相关法律法规，保护创新成果，完善知识产权保护制度，同时进一步加大知识产权法的执行力度，打击侵犯相关知识产权的不法行为。建筑企业要根据政府出台的相关知识产权保护法规，关注市场变化对创新发展的要求，结合相关行业变化情况，鼓励知识入股，充分发挥创新成果的经济效益。高校应当寻求适合培养创新型人才的教育体制，注重培养学生的创新思维，将理论知识与实际运用相结合，落实培养创新型人才目标，鼓励学生自主创新，对学生创新成果给予激励，培养更多的创新型人才。

（3）关注创新型人才的校企联合培养方式。高校应注重创新思维与创新能力的培养，将创新思维与能力快速转变为适应市场变化的能力，有利于破除创新型人才发展的壁垒，有效地推动创新型人才的可持续性流动，扩大人才发展的空间，为企业创新提供人才支撑。

（二）提高建筑企业发展绩效

建筑企业协同创新的目的是形成竞争优势，开拓新的市场，提高绩效。在建筑企业协同创新过程中，建筑企业的规模、创新重视程度、内部协同管理制度以及与其他机构的配合都影响着建筑企业的协同创新水平。建筑企业绩效不仅是建筑企业技术协同创新的动因之一，还是其技术协同创新的手段。建筑企业提高绩效以推动协同创新发展，同时加强与高校科研机构的协作，提高科研机构和研发部门的研发水平，促进研发成果转化。

除此之外，与其他协作主体的共同合作有利于加速企业创新知识经验累积。将科研理论知识与实际操作经验相结合，将知识理论成果转化为生产成果，形成理论与实践相结合的宝贵经验。还可以将协同创新解释为各机构与行业的内部知识交流沟通，这既能帮助不同领域的知识流动与融合，也能保持理论与实践的平衡。协同创新可以说是知识溢出效应的结果。

建筑企业可以从合作的高校机构、科研技术机构、相关政府部门等平台接收溢出性知识，通过知识的传递、共享与融合以及思想的碰撞和多重领域的专业理论的集成，形成自身技术协同创新相关成果，促使自身获得协同创新发展的市场效益。

（三）确定建筑企业未来发展方向

可结合建筑企业的规模、对市场变化的适应程度以及自身发展历程来确定企业未来发展方向。建筑企业发展规模的大小决定着建筑企业所能承受的内部要素、部门以及资源种类的协同工作量。规模越大，处理要素、部门、资源种类之间的协同可接受难度就会越高，对处理的效率和质量要求也会越高，因为协同过程中，规模大的建筑企业可以调动资金、人力、物力来应对协同工作量和工作难度。从建筑行业内部来说，建筑业从研发、实验到生产这一过程对所需部门、子系统的合作协同性要求极高，管理模式越先进、理念越先进的建筑企业组织协同性越高。由于建筑企业技术协同创新机制既有一般企业的技术创新性，又要保持建筑企业协调合作的行业特性，所以应重视建筑企业技术协同创新的内部动因。

建筑企业未来的发展方向关系着建筑企业的技术协同创新战略安排，如企业未来发展方向趋于国际化，则其技术协同创新方向可能会向国际建设标准倾斜，在发展的过程中可能更倾向于考虑国际通用的资源、材料、创新成果以及创新成果是否符合国际消费者市场的使用习惯等因素，并且在某种程度上决定了企业内部协同工作量和协同工作的难度。建筑企业技术协同创新内部动因与建筑企业自身意识关系十分密切，从内部突破，关注内部发展状况是重要的自我驱动因素，这与建筑企业自主创新意识、协同创新精神分不开，建筑企业自身重视创新、重视协同才能与一系列的外部驱动力量共同产生积极影响。

（四）建筑企业资金流通状况

建筑企业流动资金是其为保证正常施工所必需的周转资金，加速流动资金周转、减少资金的占用以提高资金使用效率是建筑企业重点关注的问题。因为建筑企业还需要把资金投入除技术创新领域之外的其他方面，所以必须提前确立技术创新领域资金的优先地位。众所周知，建筑行业的资金链非常重要，资金流动越快则企业运转速度越快。目前，建筑企业处在技术创新动力不足、开拓创新型市场的重要阶段，面临激烈的市场竞争，在技术协同创新发展过程中的资金流通问题值得深思。

建筑企业需要制订详细的技术协同创新资金支持计划，合理考虑由于技术创新风险引起的资金投入风险，确保技术协同创新资金充足。尤其针对核心科技的研发投入，最重要的是确保资金投入的质量和成效。在资金的投入、使用、组织方面，应加强有效监控。建筑企业要定期召开工作汇报会议、各部门联席会议，将高层管理人员与核心科技研发人员召集在一起，围绕技术创新的具体情况进行研讨交流，明确了解双方需求，评价技术创新成果，为技术协同创新提供后台保障，找出资金运营过程中存在的障碍和问题并及时加以解决，保证在技术协同创新发展过程中最大限度发挥资金使用效益。

技术性创新对资金具有高依赖性，在资金使用计划中，建筑企业要拓宽资金来源渠道。即使规模大、市场化水平高的大型建筑企业研发前瞻性的关键技术也要承担资金缺口的风险，因此，在制订资金计划时，可以考虑适当利用建筑企业以外的力量，比如通过联合高校科研机构申请国家专项科研基金以获得政府支持，或者与其他企业联盟共同研发新技术，减少资金压力。

二、建筑企业技术协同创新外部动因分析

目前，联系建筑企业技术协同创新的实际情况，除考虑建筑企业内部动因外，外部动因同样影响建筑企业的技术协同创新。一定程度上，内部动因与外部动因共同作用于建筑企业的技术协同创新，促进建筑企业健康发展。

建筑企业技术协同创新的外部动因主要体现为市场变化、政府政策、保障平台、外来技术的冲击等。在各种外部因素的作用下，建筑企业要积

极应对可能出现的问题，将劣势转化为优势。

在外部环境因素影响下，建筑企业作为实际行动的参与者，将与科研机构合作的技术创新成果转化为产品，从而达到双方的协同目标。建筑企业在建筑材料、施工工艺、项目产品等方面要考虑协同与创新的平衡发展，通过技术协同创新的运作机制发挥作用。

（一）市场变化

因建筑企业对市场的依赖性较高，市场变化的诱因可以从需求变化与竞争状况进行分析。建筑企业要想在激烈的市场竞争中有立足之地，需要精准地把握未来的市场需求，提高在市场中的优势竞争力，通过技术创新与协同创新，获得利润最大化，及时抢占市场份额。如果只重视单一的技术创新，则会忽视资源的协调性，造成资源浪费；同时，也不利于建筑企业内部的沟通合作。将技术创新与市场变化协同起来，既能保持建筑企业在把握市场变化时对技术创新的敏锐力，又能加强各技术部门、机构间工作的合作效果，及时解决问题，避免资源浪费。

目前，建筑业市场的技术创新和协同创新效果并不乐观，建筑企业发展依旧是靠劳动力投入、资源倾斜和资本投入，技术创新性并不明显，主要依靠引进国外的先进技术。依靠原有的发展模式不能改变建筑企业大而不强的现状，原有的增长模式亟待改善，在市场变化下抓紧核心科技研发，促进建筑企业健康发展。

市场是创新成果价值得以实现的最终场所，市场需求也是建筑企业开展技术协同创新活动的重要动力。伴随着新的市场需求压力的加大，建筑企业通过技术创新与协同创新满足市场的需求已是必然趋势。

（二）政府政策

我国建筑业的发展离不开政策的支持。改革开放以来，在国家政策的大力支持下，我国建筑业进入高速发展时期。目前，国家对建筑业的科技发展战略定位较高，住房和城乡建设部印发的《2016—2020年建筑业信息化发展纲要》，明确了对建筑业未来技术变革的态度，要求全面提升建筑业信息化水平，提升BIM技术、大数据、智能化、移动通信、云计算、物联网等信息技术集成应用能力，建筑业数字化、网络化、智能化取得突破性进展，初步建成一体化行业监管和服务平台。习近平总书记在2016年全国科技创新大会上指出，中国科技面向2030年的长远战略，决定实施一批重大科技项目和工程，要加快推进围绕国家重大战略需求，着力攻破关键核心技术，抢占事关长远和全局的科技战略制高点。为了落实国家科技战略规划的需要，各地政府部门制定了一系列有利于建筑业技术协同创新的政策，保证技术协同创新系统的运行与发展。只有借助政府政策的强有力保障，技术协同创新的发展计划才有可能长期执行，从而推动建筑业健康发展。

有学者从协同视角对长三角各区域科技政策协调创新进行了研究，认为区域科技政策的协同创新可消除因地方政府科技创新政策差异所带来的问题，有利于提高区域科技政策的绩效。冯锋、汪良兵（2011）提出，在区域科技政策系统中，各个省市出台的科技政策（下级政府）是构成区域这个大系统的子系统，通过国家区域发展主管部门（上级政府）的指令或省市之间的共性需求，可以实现区域科技政策系统的有序化、规则化和一体化。而在执行政策的过程中，若区域政策一致性强，则为区域创新提供有利条件。陈丹宇（2010）对长三角地区的创新系统状况进行了研究，发现长三角区域整体的技术协同创新水平低于江苏、上海和浙江地区的创新水平，原因是整个长三角区域的经济发展水平以及周边建筑企业与中心地区皆处于弱势地位，即经济发展水平越高，技术协同创新运行状况越能得到完善。

一方面，建筑企业规模越大，对市场的应变能力越强，因此技术协同创新发展有序度越高。另一方面，周围区域发展差异较大的原因是各区域毗邻的协同创新政策不协调。由于各区域之间难以高度协调创新政策，造成长三角周围地区的技术协同创新发展不协调。由此看出，区域间政策的相互协同也是影响建筑企业技术协同创新发展的因素之一。

（三）外部保障平台

建筑企业实现技术创新需要建立外部保障平台。平台的构建大致分为企业内部的技术工作小组平台与服务技术工作小组的外部平台组织。合理的平台设计能够起到规范工作流程、提高工作效率的作用，对技术创新人员起着激励作用，可以拓展创新平台的深度和广度。

建筑企业内部整体组织设计与外部平台间的碰撞融合设计类似。为了促进建筑企业持续发展，增强其在国内市场甚至国际市场的创新优势，我国政府建立了协同创新平台，保障建筑企业的创新活动。建筑企业应继续加大科技创新投入，加快建设独立的建筑技术创新组织，规范工作流程，不断扩大创新组织规模，提高技术协同创新在企业创新中的地位。

企业的技术创新中心建设工作对于提高自身核心技术创新能力和创新绩效有显著的积极作用。技术创新中心平台可以设立于建筑企业内部或独立于建筑企业之外。如由政府部门专门设立的平台组织，聘请专业的技术创新人才与建筑企业合作。由于平台内部的技术创新人员在不同工作领域的专业性强，各领域间的知识结构互补性强，研发型硬件实力雄厚，装备水平高，有利于开展技术研发创新工作，能有效地将技术创新的成果进行转化，有利于促进建筑企业内外各种创新资源的交流与互补，为建筑企业可持续发展提供保障。建筑企业技术创新平台能够承载企业的创新发展重任，有利于建筑企业开展技术创新研发工作。

建筑企业内部的技术创新保障平台与其他组织平台间的联系，因技术创新的专业性与工作领域不同而存在共同协作的关系，且技术创新平台中心同生产制造部门与市场营销部门之间也存在着不可分割的联系。在建筑行业及其他行业的企业工作流程中，研发环节是关键。但在现实中，研发人员与生产、营销人员是一个系统的整体，存在分工与协作的关系，尤其需要各部门间的密切配合。因此，不能按工作流程的先后顺序来判定工作的重要顺序。

（四）外部先进技术

建筑企业内部知识经验积累与其发展历程有关，规模越大的企业，承担的工程项目越多，知识经验越丰富，但企业未来想要得到更大发展就需要加强与外界的技术交流，这对于建筑企业来说至关重要。通过交流学习，建筑企业不断积累技术、知识、经验，建筑企业的技术创新速度得到提升。因此，除了关注建筑企业内部的知识经验外，还应当将外部知识技术及经验相结合，创建内部与外部相连接的知识网络交流系统，使内外部先进技术以及经验知识连接，实现对建筑企业外部创新技术资源的整合利用。

建筑企业需要将有价值的外部知识、经验以及创新技术转化为建筑企业内部需要的知识信息。科研机构和高校是创新的来源，利用产学研战略平台与高校及科研机构的连接，获取高校及科研院所的创新知识和丰富经验，弥补建筑企业内部的不足。整合外部先进技术知识，加上企业内部知识及经验，能更好地推动建筑企业技术创新能力持续提高。

建筑企业利用内外部知识连接平台需要关注技术协同创新的基础设施建设工作，技术协同创新的基础设施建设直接影响着理论知识转化为创新成果。内外部知识创新成果转化为市场产品离不开基础设施，先进的技术创新基础设施可以提高企业的技术创新成功率，其中技术创新设施主要分为软件设施与硬件设施。软件设施是指整合知识信息的服务平台，硬件设施是指为创新提供服务的创新操作工具，为技术创新提供了直接的数据与结果，只有通过实践检验的成果才能在未来激烈的市场竞争中为建筑企业赢得竞争优势。否则，再好的技术经验、理论知识创新如果不能解决实际应用问题，就不会转化为物质财富。

总的来说，外部技术对建筑企业具有重要影响。通过网络平台，整合内外部技术、知识经验，利用硬件设施设备，将理论知识转化为可供管理操作应用的技术或方案，进而提升建筑企业的创新能力和协同能力，提高建筑企业利润。

第二节　建筑企业技术协同创新动因模型构建

分析建筑企业内外部动力影响因素有助于构建技术协同创新动因模型，并进一步分析各种因素在模型中的重要性，从而为建筑企业开展技术协同创新提供决策依据。

一、一般企业技术创新模型

企业性质不同，其作用动因以及模型也会有所不同。国内外学者研究了技术创新模型，对其分析总结后归纳为以下常见的模型。

（一）技术发展推动模型

该模型从技术本身引起的链式作用开始进行研究，基本观点是以技术发展推动社会进步，从而促进市场繁荣，刺激消费者的消费需求，最终提升创新绩效。这种以科学技术进步推动社会发展是较为初步和直接的技术发展推动模型。技术发展推动模型如图4–1所示。

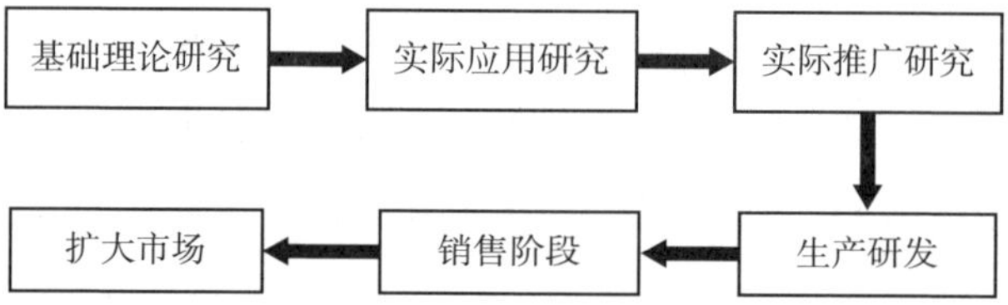

图4–1　技术发展推动模型

（二）市场需求拉动模型

市场需求拉动型模型从客户以及市场的诉求角度解释企业进行技术创新的动力来源。在此模型中，客户以及市场的诉求是直接促使企业进行技术创新的动力，企业不断研发新产品，主要目的是抢占市场份额。满足客户诉求的速度越快，占领市场的机会就越大。这里的客户既是指最终产品销售所面对的客户，也是指企业内部在发展时有新需求的部门。美国经济学家施莫克乐认为，专利的发明实际是一种经济行为，它满足了市场需求后就能获得经济利润。麻省理工学院的学者马奎斯经过调研也发现，市场需求或企业内部的运营需求直接导致了实践中超过75%的技术创新活动的产生。市场需求推动创新模型如图4-2所示。

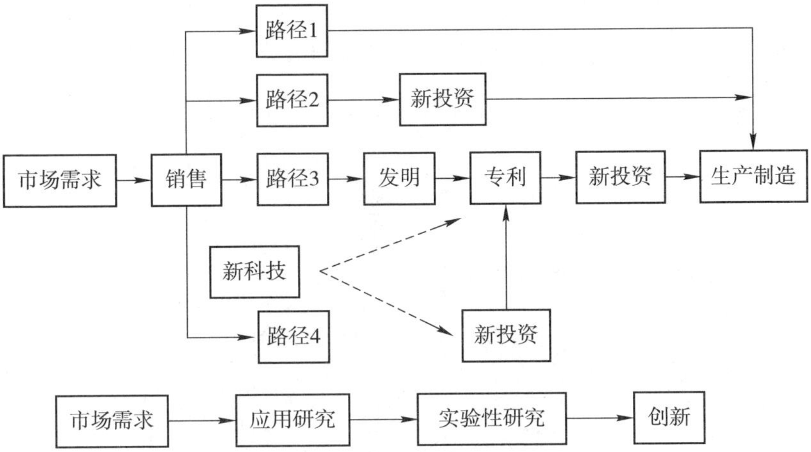

图4-2 市场需求推动创新模型

（三）政府推动模型

通常企业作为技术协同创新活动中的实施主体主导着技术协同创新活动的开展，政府主要起辅助作用。但在某些区域，政府的创新政策对企业和科研机构产生了主导作用，由政府颁布有关政策，制订相关科研计划，再传达至相关部门，由科技研发人员执行具体任务，最后由企业进行产品的生产和推广，达到技术创新、提升企业绩效及区域综合力的效果。这种政府政策推动的作用占据了绝对的主导地位，对技术创新活动的激励作用非常明显。

（四）N-R关系式模型

N-R关系指的是社会需求（Need）与社会中的资源（Resource）的关系问题，此模式来自日本学者斋藤优的观点。该观点认为社会中消费者对产品和服务的需求是持续不断变化的，但社会上的各种资源是有限并且稀缺的，由此存在对产品和服务需求同有限的资源之间的矛盾。解决这种矛盾的最好办法是不断进行创新，将有限数量、有限种类的资源进行创新组合，创造能够满足不同需求的产品。通过创新，最大限度地优化资源配置，发挥资源的产出效益，以可持续的发展观解决N–R关系矛盾。但在解决N–R关系矛盾过程中需要政府适当的引导，找出社会需求与社会资源之间的现实差距，最后才能有效进行创新活动。N–R关系式模型如图4–3所示。

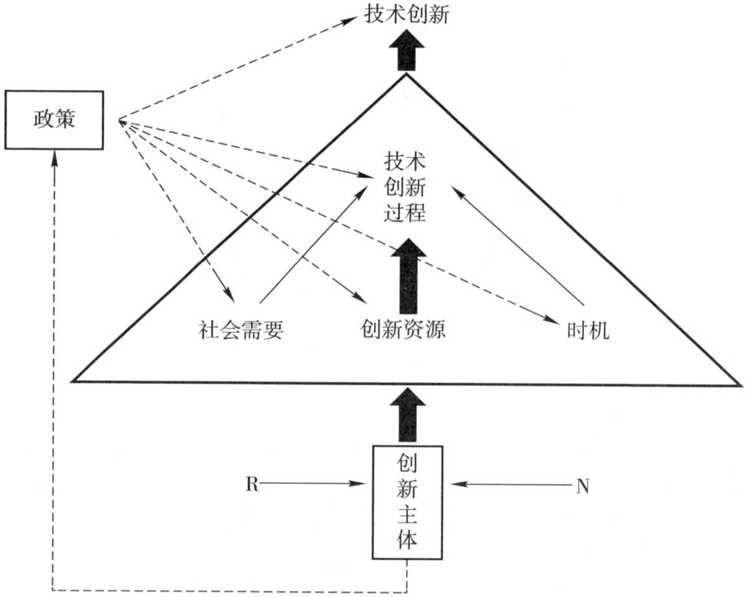

图4–3　N–R关系式模型

（五）六因素作用模型

魏江（1998）认为，利益驱动、社会需求、科技创新人才推动力以及技术推动力构成了企业技术创新行为的内生动力，这些内生动力促使企业日益集聚技术创新能力，从而产生技术创新行为。外部推动力主要是由市场竞争压力和政府政策推动力构成，这些外部推动力促使企业开展技术创新活动，提高自身技术创新的能力和竞争的优势。六因素作用模型，如图4–4所示。

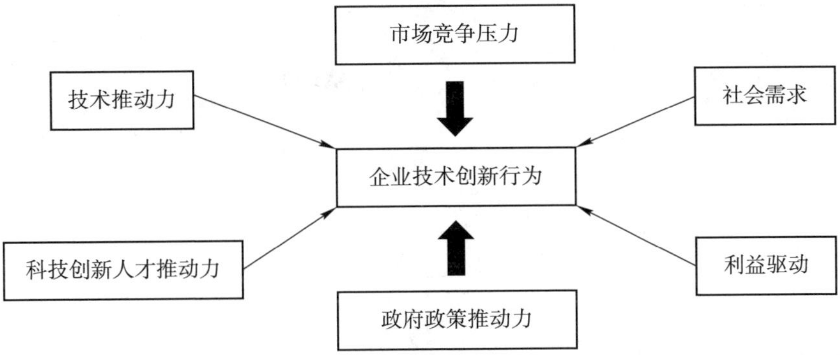

图4–4　六种因素作用模型

（六）"需求导向快速反应—企业价值最大化"动力模型

该模型由邱建华（2013）提出，以快速反应机制以及价值最大化理论为基础，将企业技术创新的动力可以分为内部和外部两方面，即企业内部推动力和外部驱动力。内部推动力主要是指企业家精神、企业目标、企业创新文化、企业内部的激励机制以及企业的技术创新能力等因素，外部驱动力主要包括政府推动、市场竞争、科技进步等。若该模型运行成功将会推动科技创新成果的转化，并实现规模化效益，最终满足客户的需求。如图4–5所示。

以上各种分析技术创新动力影响因素的模型都存在一定的合理性和理论基础，但总体上都偏重从企业的外部因素解释企业技术创新行为的动因，未能对企业内部机制进行深入研究。因此，以上模型也都存在各自的不足。企业在相同的外部环境下，也会有不同的针对性措施，并产生不同的效应和不同的技术创新活动，形成差异化的创新。因此，企业的创新行为会受到内部与外部因素的双重影响。

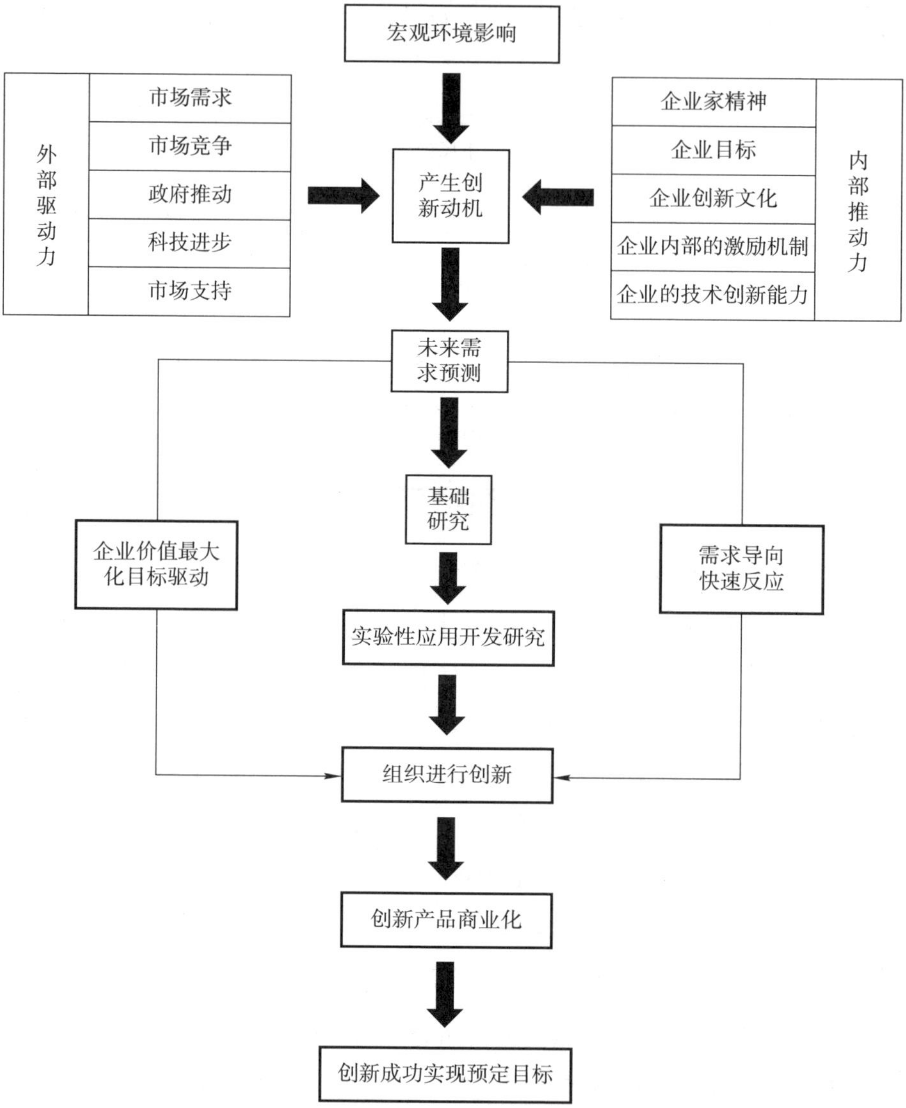

图4-5 “需求导向快速反应—企业价值最大化”动力模型

内因与外因相互依赖、相互联系，因此，在分析建筑企业技术创新活动的过程中既不能忽视内部因素的作用，也不能忽视外部因素的影响。只有重视内部因素与外部客观因素的双重作用，才能更好地解释技术创新活动的机制。

二、建筑企业技术协同创新模型

根据已有的各种技术创新模型分析建筑企业的特殊性，结合协同理论以及相关学者的研究构建建筑企业技术协同创新模型，再探讨建筑企业技术协同创新机制的运行机理，最终基于建筑企业技术协同创新动因提出“内外联动的协同创新模型”，如图4–6所示。

协同论指出一个系统协同效应的发挥由系统内部各子系统以及各分子要素共同决定，协同配合度与系统的整体性功能呈正相关。若在一个管理系统内部，人、组织、环境等各环节、各部分相互制约、相互掣肘、产生不必要的离散与冲突，则会造成管理系统内部消耗的增加，系统难以发挥正常的功能，无法正常运转。因此，要确保系统内部相互配合达到“1+1>2”的效果。

经济社会发展所表现的特征为信息技术和网络的发展速度快与覆盖范围广。在信息化知识经济时代，企业的生存环境逐渐由相对独立状态转变为充斥着多数不确定性的动态环境，企业依靠整合内部资源开始市场竞争，竞争方式和理念受到冲击，原有的竞争优势逐渐被跨界协同合作的资源整合方式取代。通过打破仅依靠自身的内部资源供给与调配的机制壁垒，构建知识交流平台，形成跨范围、跨界限的“产学研用”合作模式，促进知识的交流与进步，在利益相关主体之间建立最大的联系，获取协同的最高效应。

要使相同或相近性质的企业与科研机构进行紧密联系和合作，需对这些企业或科研机构的性质进行合理分类，以便获得更优的协同效果。如受市场等不确定性因素影响较强的建筑企业，因市场份额的不均衡性以及面对各种不确定性因素的经营环境影响了企业的发展。这类企业可以通过协同竞争获取更大的优势，也可以借助信息交流平台，通过公开透明的信息交流提高企业竞争力。又如大中型建筑企业，可以资本优势作为纽带，采取“联合+兼并重组”的方式扩大规模，打造具有核心竞争力的产业链。另外，建筑企业承包业务的不稳定性决定了企业管理的发展更倾向于以供应链管理为中心，加强供应链管理，实现资源共享并扩大生产规模，灵活应对不确定因素，从而降低采购及生产的风险与成本，提高建筑企业的竞争力。

由于建筑业对经济影响深远，对建筑企业进行协同引导非常有必要。根据模型对具体含义进行解释：

建筑企业内部动因主要包括人才、绩效、企业未来发展目标以及资金储备计划；通过分析建筑企业的内外部动因，解释内外部动因模型作用机理，有利于建筑企业进行技术创新，不断提高企业创新能力，实现企业创新的最终目的。创新行为在人类社会发展中不断演化，人才作为创新过程中的主体，其重要性不言而喻。因此建筑企业的创新管理必须重视人才，从物质激励和精神激励两方面激励人才创新，推动建筑企业技术创新能力的提升。创新能提升企业的绩效，而企业绩效的改善又能支持企业的创新活动，二者形成了一种正向反馈和良性循环，有利于企业的可持续发展。

建筑企业的外部动因主要包括政策、市场、外部平台、外部技术。建筑企业乃至整个建筑业受国家政策变化影响较大，近年来，“产学研”模式带动了建筑业全面转型升级，研究机构和企业通过协同合作，形成以企业为主体、市场为导向产学研结合深入的技术创新体系。

从图4-6中可以看出，建筑企业要进行创新，最佳方法是将内部动因与外部动因结合，运用协同学理论将有助于最大限度地发挥二者的作用。

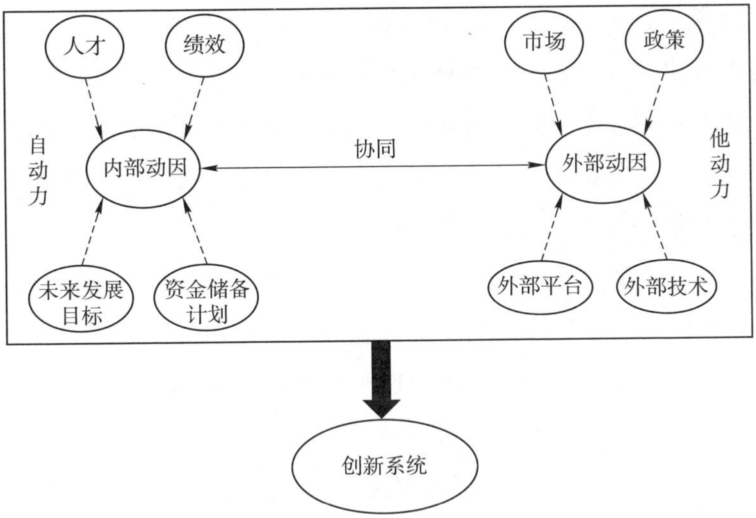

图4-6　内外联动协同创新动力模型

从建筑企业的人才管理机制来看，科研创新人才还很缺乏，建筑企业的技术创新知识储备不足。因此，在创新人才的管理机制上要注意对产出创新成果的人才进行鼓励，提高其精神和物质待遇，鼓励创新活动，提升企业自主创新能力，提高企业的创新绩效。

从建筑企业的创新绩效来看，企业进行创新对企业的创新绩效产生影响，因此绩效也是企业创新的出发点和落脚点。此外，绩效还能激发企业创新活力，提升协同效能。

建筑企业要实现占领市场份额的目标并取得最大竞争优势，就要抓创新、促生产，在企业文化中注重“创新”和“协同”的理念，与生产发展有机融合，加大对创新型人才的奖励力度，让“文化”成为另一种深层次的驱动力量，在建筑企业的发展过程中发挥重要作用。

从市场发展的角度分析，建筑企业的竞争力很大程度上取决于产品质量和占有市场的份额。以低成本追求高市场份额的方式已经不可取，要想在竞争激烈的市场中占有一席之地，需将目光和重心放在产品的创新上，将外部经济竞争压力转化为企业的创新动力。

从政府政策角度分析，政府政策是建筑行业发展的风向标，政府鼓励创新活动和协同合作的政策是促进企业进行创新的巨大动力。如政府通过奖励措施、给予企业创新经费支持，帮助企业拓展融资渠道，或者通过税收政策给予部分税收的减免等推动技术协同创新。近年来，我国政府通过促进产学研各方平台深度合作，鼓励企业与高校科研机构合作，让企业借助研究机构的研发优势进行创新。由此看来，政府政策的支持在很大程度上能扶持企业的创新活动，转化为建筑企业技术创新活动的动力，产生正向促进作用。

从外部平台的建立角度分析，政府为促进企业与高校之间的协同合作创新，推动形成了产学研组织平台，这为企业与科研机构提供了一个公开透明的平台，有利于双方互利共赢。同时，能从客观上推动协同创新的进度，提高企业与科研机构的积极性，也为双方知识流通及技术交流提供了良好的平台。如产学研平台是以科学新视角为导向，高校和企业各方利益相关体共同建立的创新技术的平台，共同参与新技术研发的协同创新活动。目前，学术界对产学研平台的技术协同创新内涵还未达成统一的认识，学者在研究产学研协同创新的主体时，未突出企业的主体地位和主导作用。

从外部先进技术的冲击作用角度分析，外部先进技术的冲击也能提升企业的创新水平。从国外引进的先进技术推动了国内建筑企业的技术更新，促进了建筑技术的进步，促进了建筑行业的高质量发展。

第五章　建筑企业技术协同创新运行机制的构建

随着社会经济的发展，建筑行业的市场竞争日趋激烈，传统的企业发展模式已不能满足当前的发展需求，国内外各大型建筑公司开始采用技术协同创新模式进行管理。与此同时，在技术协同创新模式的实施过程中，出现了创新动力不足、资源供给结构不合理、协作水平低以及协作激励措施不完善等问题。基于此，本章在对协同创新进行系统分析的基础上，构建了技术协同创新机制。建筑企业技术协同创新机制是一个复杂的系统，根据复杂系统理论和协同理论，在系统自组织演化过程中，序参量起着重要作用，它是描述系统从无序到有序、使系统从被动增长转到自动增长的宏观参量。利用序参量原理，分析建筑企业技术协同创新系统结构模型和因果关系，并构建建筑企业技术协同创新机制。

第一节　建筑企业技术协同创新系统分析

一、技术协同创新系统总体结构分析

建筑企业技术协同创新系统是一种处于非平衡状态的开放系统，主要通过与外界物质和能量的交换，发挥其协同效应，由非平衡状态演变为时间、空间和功能的有序结构。此系统由创新主体和创新客体构成，受创新

环境和创新路径的影响，主要包括参与者网络、外部环境和运行过程三个部分。

协同创新参与的主体包括建筑企业、研究机构、政府、供应商和业主，这些参与主体相互影响，其中企业作为技术创新的主体，研究机构、供应商提供知识、技术、服务等方面的支持。在企业技术创新过程中，政府提供政策支持，发挥协调作用。推动建筑企业技术协同创新的外部环境包括供给政策、需求政策、金融资本和保障平台，具体包括人力、技术、资金、政策以及研发转化平台。

受外界因素影响，参与主体在技术驱动、市场需求等外部环境的推动下，进行技术创新研发，开拓市场，实现系统运作和目标。技术驱动与市场需求相互影响且相互推动，即通过双元的技术协同作用，实现科技创新。在建筑业技术协同创新体系结构中，建筑企业通过学习，在工艺创新、产品创新、组合创新、应用创新和市场创新等方面选择适合自身的创新模式，实现整个建筑行业的技术协同创新。采用系统评价的方法，将评价结果反馈给外部环境和参与主体，调整后参与建筑业技术协同创新。

虽然中国建筑业规模持续增长，但其技术水平与发达国家相比仍存在一定的差距。从建筑业发展的实际情况分析，中国建筑业正处在“由大变强”的关键时期，大力推进内外要素的技术协同是加快创新步伐、提高创新绩效的有效途径。建筑企业技术协同创新系统是一个庞大的互动系统，建筑企业应抓住其运行的关键要素，并针对存在的问题构建技术协同创新机制，以推动建筑行业的发展。

二、技术协同创新参与主体网络分析

参与主体的协同程度决定了建筑企业技术协同创新网络的成败。随着经济结构的调整和劳动力成本的上升，信息化技术开始进入建筑行业，以"互联网+"为标志的信息技术与建筑行业的技术创新体系相衔接。由于建设工程项目各阶段的工作涉及不同的参与单位、各参与单位间的信息不对称，导致项目各建设环节之间无法顺利地衔接。因此，建筑企业在进行技术创新时要注重对业主需求和技术发展的协同管理。在协同过程中，传递、接收、转化各主体间的信息知识。目前，协调程度不高的原因除信息、知识协同程度低外，还包括创新主体与创新客体的协同度低，建筑企业技术创新主体对创新意愿存在分歧，创新主体与客体之间存在利益分割的矛盾。可见，协同度不高已成为制约建筑企业技术协同创新的一个重要原因。

建筑企业是劳动力密集型企业，活劳动消耗比重较大，企业资金投入大而且资金流动周期长，建筑产品的生产固定性和建筑工人的流动性强。一般的企业管理范围局限于企业内部，而建筑企业协同创新管理不仅涉及企业内部的协同管理，还涉及与外部多个企业之间的合作、协调、控制及约束关系，其经营活动要跨越多个企业及业态的边界，所以若要提高组织效率降低成本，合作企业应在信息流、物质流、资金流等方面积极协调，有效实现合作伙伴之间信息共享与交流。建筑企业围绕具体项目与参与者组成一个大的协同系统，而协同管理并不是仅将组成系统的要素（各个参与企业）进行简单的叠加，而是在于理顺系统内各要素之间的关系，提高整个系统的有序性。由于开展协同的企业间是平等关系，因此只能通过协调的方式进行管理，不能使用命令、控制等管理手段。另外，建筑企业以项目为主，而项目建设具有一次性，项目的完成需要多个合作伙伴的合作。这种合作伙伴的目标多重性、信息的不对称、沟通的障碍以及机会主义行为的存在等因素使得建筑企业容易与外部环境产生冲突和摩擦。因此，为了保证各合作伙伴能够有效地完成目标，协同创新管理就成为一项非常重要的活动。

三、技术协同创新外部环境分析

影响建筑企业技术协同创新网络外部环境的因素主要有政府政策、市场经济环境变化和协作平台建设等。但是从目前运行情况看，技术协同创新体系存在供给结构不合理、协作激励政策效果不佳等问题，制约了技术协同创新的效果。

我国建筑业发展增速放缓，虽然整体规模位居世界前列，但发展质量仍需提高，主要原因在于资源供给与配置结构不完善阻碍了建筑业的高质量发展。与发达国家相比，我国建筑业从事高端科技研发的人员占同期从业人员的比例较低，高级技术工程师数量不足，因此，建筑企业的产业结构转型升级与全面实现建筑企业技术协同创新难度较大。建筑业技术创新研发成功率较低，且建筑行业具有高收益、高风险的行业特点，对建筑企业建立健全合作信任机制及激励保障机制的要求较高。因此，提高建筑业技术创新成功率是促进建筑业健康发展的前提。提高建筑业技术协同创新主体间的信任程度能有效降低建设工程中的风险，软件及设备等供应商的资源供给能为协同创新活动提供资源支撑，是提高研发成功率的必要条件。建筑企业融资制度不完善、资金有限是阻碍技术协同创新的主要原因，因此建立健全沟通合作机制与约束机制是技术协同创新的重要保障。

四、技术协同创新系统运行分析

建筑企业技术协同创新系统的运行依赖于创新主体与客体间的协同程度。系统中协同创新主体以建筑企业为主，与创新客体之间的协同作用在创新过程中受到技术和市场两方面因素的制约。而技术发展和市场需求两因素也催化了创新系统运行的速度和效果。建筑业技术协同创新系统的主动性是其自组织过程的内在驱动力。协同创新模式已在建筑业得到一定推广，但实施效果与预期目标仍存在较大差距，平台资源闲置、研发成果转化率低等问题也暴露出技术协同创新动力不足。此外，建筑企业高标准和高复杂性的特点也是制约企业技术创新的重要因素，因此建筑企业的创新对技术选择的层次和路径的依赖程度较高，要求建筑企业重视行业的新材料研发、技术衔接以及标准规范的变化，避免协同创新受到较大制约。

第二节　建筑企业技术协同创新机制框架的构建

建筑企业技术协同创新机制是指为实现协同创新目标而联系在一起的各个因素的结构、功能及相互关系，以及这些因素所形成的机理和运行模式。建筑企业技术协同创新机制是以系统理论为基础的复合系统。在复杂系统相关理论基础上，通过对技术协同创新机制复杂性特征的分析，结合前期技术协同创新机制的研究成果，构建了建筑企业技术协同创新机制框架，并对其各个子机制之间的相关性和因果关系进行了分析。

一、技术协同创新机制理论分析

复杂性理论的核心思想是“适应性创造复杂性”，即主体和系统具有适应性。主体适应性是指主体能够与其他主、客体和系统环境进行交互作用，而系统适应性则是指系统结构在交互作用下不断发生变化。自适应过程中，主体通过交互作用形成的多主体聚集在系统内部形成非线性、多样性的资源流动，从而形成整个系统的自适应过程，达到自我调节的有序状态。

复杂适应性系统理论区别于其他理论方法的重要特征就是把主体定义

为动的生命。建筑企业技术协同创新机制中的建筑企业、研究机构、政府部门以及各类供应商都是具有主动行为能力的个体，各创新主体之间可以主动来往，而创新系统中复杂的活动正是在交互作用中产生的，其复杂性程度取决于创新主体的主动性。对创新主体的能动性造成影响的因素很多，如根据能动性的来源划分为主动能动性和被动能动性，构成了技术协作创新的动力。由此可见，在建筑企业技术协同创新机制的复合体系中，需要对驱动机制给予足够的关注。

在建筑企业技术协同创新机制中，环境影响因素具有重要意义。创新主体与环境互动促进了资源、信息、政策等要素的变化，使个体变化演变为系统变化。在技术协作创新过程中，系统环境可以看作全体创新主体的耦合网络，系统环境通过提供各种资源维持协同创新网络正常运行，通过运用各种激励政策来促进网络高效运行。从资源供给结构来看，技术协同创新机制能使供给结构产生能量增益。而合作激励政策会给创新体系带来新的变化，创新主体需要不断适应新的创新环境以在下一个系统达到均衡状态。在创新制度环境变化的影响下，资源供给机制及沟通合作与激励约束机制对技术协同创新机制起着重要作用。

企业技术协同创新主体之间的行为方式具有非线性、多样性等特点。非线性具有非加和性，在整个系统的创新机制中，任何微小的变化都可能对整个系统产生不相对称的非线性影响。对于多样性而言，技术创新、协同过程、创新类型的多样性是其主要特征。非线性与多样性的区别不仅体现在创新主体的不同，还表现为合作过程中各主体间相互作用结果的差异。在协同创新过程中，由某一环节产生的随机因素对系统的变化产生一定影响，从而形成系统的自组织性和自适应性，使系统在平衡和非平衡两种状态下循环。然而，随机因素对系统的影响是暂时性的，虽然会对系统的状态和行为方式产生影响，但不会让系统的运行规律和内部机制产生质变。某些建筑企业技术协同创新机制的运行方式并不唯一，但其运行目的和运行规律是一致的，因此，在构建建筑企业技术协同创新机制的过程中，有必要对其运行模式进行分析。

二、技术协同创新机制的研究框架

建筑业的基础性地位和项目繁杂性决定了其技术创新存在重要性和复杂性特点，而高关联度、高协同性等特征决定了技术合作创新模式成为重要选择。对现有文献中关于协同创新机制的研究结果进行归纳得到研究对象和机制内容（见表5-1），发现在协同创新机制构成中，人力、财力、物力和知识技术的资源供给机制是其运行的基础。

表5-1　协同创新机制研究比较表

文献来源	研究对象	子机制内容
范太胜（2008）	产业集群创新网络协同机制	创新共生、信任合作、价值联盟、协同氛围
曹静等（2009）	技术创新合作机制	激励机制、风险管理机制、利益分配机制和成果导入机制
Huang P., Jiang Z., Jiang K.（2012）	创新保护机制	知识产权保护机制、市场反应机制、资源互补机制
王进富等（2013）	产学研协同创新机制	动力协同机制、路径协同机制、知识管理协同机制
Busse M.（2014）	德国精准农业技术创新机制	知识转移机制、政策机制、公共咨询机制、资源投入机制、沟通机制
吴笑（2015）	协同创新机制	选择机制、利益分配机制、动力机制、协调机制、信任机制、风险防范机制
刘晓云等（2015）	制造业协同创新机制	系统动力机制、资源供给机制、合作信任机制、激励保障机制
Olander H.（2015）	信任机制	组织信任、知识保护、限制机制
Turner J. A.（2015）	农业技术协同创新妨碍机制	强化顶层设计、加强团队协作机制和产学研协同
Estrada I.（2015）	竞争者协同创新机制	共享机制、知识保护机制

国内外学者对协同创新机制的构成内容也存在不同看法，如 Carrillo

（2008）提出协同创新机制应包括实现机制、激励机制和约束机制三个方面。曹静等（2009）认为，协同创新机制应由激励机制、风险管理机制、利益分配机制和成果转化机制四个子机制构成。王孟钧（2012）指出协同创新机制除激励机制和利益分配机制外，还应包括合作机制和评价机制。解学梅（2014）认为，除成本利益分配机制外，文化融合机制和技术互补机制是协同创新机制的两个重要组成部分。尽管不同学者对技术协同创新机制的具体构成要素的理解有很大差异，但均认为资金投入、知识信息流通、制度建设是技术协同创新过程中的关键构成要素。因此，总体上协同机制的构成要素主要包括动力、支持、激励、利益、风险的分配。

就运行模式而言，各学者根据协同创新机制的不同侧重点选择了不同的模式。在技术协同创新模式方面，以产学合作模式为基础，国内外相关学者在已有研究成果的基础上，进一步建立起“多位一体”模式，以及协同创新网络模式，建筑企业技术协同创新体系中的各个主体是以“利他动机”和“利己动机”或双重动机为基础进行的行为选择。企业在技术创新中要协调各要素，包括技术、市场、组织、流程、文化、制度等，同时企业应当在协同创新中扮演核心角色，但由于自身所具有的“利己动机”，企业会更多地关注机构内部的核心技术开发，而基础研究和早期技术研发工作则剥离给了科研机构，由企业在研究成果和行业市场之间发挥中介作用，其他相关服务则剥离给供应商和金融机构。按照核心创新主体的不同，将建筑企业技术协作创新的运行模式分为以企业为核心的开发应用模式和以研究机构为核心的基础探索模式两种。

结合国内外学者对协同机制的理解，分析我国建筑企业技术协同创新的动力不足、资源结构合理性欠缺、运作模式单一、协作激励策略不完善等问题，基于复杂系统理论和协作理论，提出了构成建筑企业技术协同创新机制的四个子机制：驱动机制、资源供给机制、技术协同机制和沟通合作与激励约束机制。

三、技术协同创新机制的关系分析

（一）子机制间相互关系分析

在建筑企业技术协同创新机制中，驱动机制是其协同创新演化的动力。资源供给机制是为保证系统必要的资源供给，并为其提供相应服务的基本条件。技术协同机制、沟通合作与激励约束机制主要是通过强化系统成员间的互相信任，有利于强化成员间的合作，激发成员之间的协作积极性，提高建筑企业技术协同创新绩效。

驱动机制分为内动力驱动和外动力驱动两类，其作用在于解决建筑企业技术协同创新系统创新动力不足的问题，保障协同创新系统平稳运行，促进协同创新活动有序开展，并完成创新系统中设定的相应功能。

根据资源形态的不同，可将资源供给分为物质资源供给和服务资源供给。物质资源供给是指有形实物资源的投入，如资金、人力等；服务资源供给是对财务、技术等服务的投入。为保证技术协同创新系统必要的资源供给和服务供给，资源供给机制提供了有效运行的基本条件；而双元技术协同创新机制以探索性和开发性模式构成科技创新互动，有利于理论研究和应用开发的互动发展，形成技术开发与商业开发的双元技术协同创新。

技术协同机制、沟通合作与激励约束机制包括信任合作机制和激励保障机制两部分。信任合作机制包括产、学、政三主体之间的合作和信任，激励保障机制是政府与市场之间通过政策激励、成果激励等方式进行协调的手段。沟通合作与激励约束机制不仅要解决体系中存在的信任冲突、保证体系成员之间的合作，而且要全面协调各要素之间的关系，调动创新主体的积极性，以提高创新绩效。以上子机制在所组成的复合体系内彼此制约、互相联系。

（二）创新机制因果关系分析

根据协同论中关于序参量的定义，双元技术协作创新是区分技术协作创新机制的关键子机制，是实现产品商品化的重要途径，是一个重要的序参量。双元技术协同作为正向反馈环节的起点，通过开发或探索性模式实现协同创新，使产品得以商品化获取利润，增强技术协同创新的驱动力，促使资源供给量及合作激励效益提高，从而又促进了双元技术协同创新模式的进一步发展。所以，正向反馈环是：双元技术协同—产品商业化—增强驱动力—促进资源供给—（协作激励）—推动双元技术协同，其中协作激励机制具有正向反馈作用和催化作用。

与双元技术协同创新相对应的是多元协同阻力，将协同阻力作为反向反馈环的起点，将削弱双元技术协同机制的效用，降低商业化程度，导致协同创新驱动力不足，资源供给紧张，激励效应无效，从而形成循环，增加协同阻力。这样形成的反向回馈环是：多元协同阻力—削弱双元技术协同—阻碍商业驱动—资源供应紧张—多元协同阻力。

在建筑企业技术协同创新机制运行过程中，可能会产生协同成本过高、激励无效、资源短缺和技术创新受阻等不利因素，并且所有产生阻碍协同作用的因素都存在着不确定性。对建筑企业技术协同创新机制因果关系进行分析，可以强化机制构建过程中的协同效应，弱化协同中阻碍因素的作用。重视双元技术协同创新运行模式，提高协同创新运行绩效，合理配置各类创新资源，最大限度地发挥创新驱动作用。

第三节　建筑企业技术协同创新机制的构成

一、内外驱动力机制

建筑企业技术协同创新驱动力是指为实现建筑企业技术协同创新系统的正常运行所应具备的动力。对驱动力机制的研究主要是对影响协同创新的多因素结构及其相应的功能进行分析。驱动力是指促使系统达到既定目标的影响因素，根据驱动力的性质可以分为内动力（自动力）和外动力（他动力）两种。其中，内动力驱动因素包括：建筑企业的自主创新精神和协同创新意识、建筑企业技术协同创新体系内部激励因素。外动力驱动因素包括：市场推动、技术推动和政府推动。建筑企业应合理利用内动力驱动因素和外动力驱动因素的双重作用来实现建筑企业技术协同创新。

（一）内动力驱动因素

1. 建筑企业的自主创新精神和协同创新意识

任何企业的经营行为都受某种预期利益的驱动，追求和实现利益是激励和强化企业自主创新的内在动力。建筑企业技术协同创新体系的核心目标是自主创新提升市场绩效，这是提高创新能力最根本的战略目的。随着知识和经济全球化的发展，建筑企业在传统的经营管理模式下的利润空间逐渐缩小，为了提高经济效益，企业必须不断进行技术创新，增强其核心竞争力。为提高核心竞争力，一部分企业倾向于自主创新，一部分企业则是通过模仿性创新来提高企业的竞争力。随着信息化的发展和全球化的竞争，源于建筑企业技术协同创新意识的生产过程向互动式、网络化方向发展。采用协同创新的方法，使建筑企业以较低的代价进入竞争领域，充分利用其他企业和组织的优质资源，集中力量提升其核心竞争力。因此，建筑企业的自主创新精神和协同创新意识是技术协同创新系统的内动力驱动因素。

2. 建筑企业技术协同创新体系内部激励因素

内部激励是指通过对企业职工的物质与精神的激励来调动协作创新者的积极性，促进技术协同创新体系的运行，提高企业的技术水平和核心竞争力。基于人力与财力产生的作用，可以对系统内部的激励增长进行分析，从而规范组织行为，促进技术协同成员的健康发展。建筑企业技术协同创新体系的核心是人才资源，因此，需充分调动相关技术创新人员，如研发技术骨干人员、研发人员及经营管理者的积极性，通过建立科学合理的薪酬分配制度、竞争机制和约束机制，让人才资本的作用在技术协同创新中得到充分发挥。通过建立完善的制度框架及内部激励机制，形成激励增长模式，使组织目标与成员目标协调一致，充分发挥人才资本价值。

（二）外动力驱动因素

1. 市场推动

市场推动是市场需求和市场竞争所带来的压力。市场竞争遵循优胜劣汰的规则，这是企业生存所必须面对的现实环境，也是通过技术协同创新获取超额利润、抢占市场份额的动力。当前建筑业快速发展，主要依靠大量的资源、劳动力和资本投入，但粗放型增长模式并不能改变其大而不强的现状。在新的市场竞争环境下，加快技术创新是建筑业健康发展的必然选择。对于建筑业，市场是技术创新实现的最终场所，市场需求是建筑企业开展协同创新活动、研发新技术、生产新产品的重要动力。由于建筑行业是经济支柱行业，其技术创新主要依靠建筑市场的需求和政府政策。随着市场需求的改变，产品建设周期缩短，定制化产品需求增加，迫切需要建筑企业进行技术创新，以此来满足对产品功能或服务质量的需求。

2. 技术推动

建筑企业通过技术创新，对新产品、新市场进行开发，以获得更高的经济效益，同时推动高新技术的发展并增加对创新科技成果的投入。企业的技术推动力在扩散效应下能催生新的市场需求、改变行业的发展趋势、推动行业乃至整个建筑市场的可持续性发展。科技本身也是一种推动力，其自组织演化能力表明科技创新逐渐朝着更高、更新的方向发展，而新科学技术将对建筑企业的技术创新产生重大影响。通过原始创新或产、学、研合作等形式，技术的推动能够实现科技成果与资源的整合，使建筑企业技术协同创新体系不断更新迭代，开发新的技术创新路径。

3. 政府推动

当前，政府对建筑企业的战略性科技发展需求越发迫切。中国科技面向2030年的长远规划，要着眼于国家重大战略需求，突破关键技术，抢占与全局紧密相关的创新科技战略制高点。根据国家科技规划的要求，政府将制定有利于建筑企业技术协同创新活动开展的相关政策，并通过建立健全组织、政策、法律等方面的制度，积极推动技术协同创新的发展。

二、资源供给机制

建筑企业的内部资源供给通常来自企业本身，而外部的供给方包括研究机构、政府部门、供应商和其他服务机构。政府各部门为促进建筑业关键领域的发展，制定了系列税收优惠政策。按资源存在形态的不同，资源供应者提供的资源供给方式分为有形资源供给和服务资源供给。两者具有互补性和非排他性，同一资源可以同时被多个建筑企业使用，也可由同一企业多次使用。

1. 有形资源的供给类型

有形资源的供给包括人力资源和资本资源供给两种类型。研究机构是人才供给的主体，在建筑企业技术协同创新系统运行的过程中，主要提供工程管理人员、工程技术人员和营销人员，而研发型人才和部分技术人才则主要由研究机构提供。如果建筑企业运营与项目建设资金投入不足，将难以支撑技术研发，此时需要政府投入资金支持技术创新活动，既要满足资源供给，又要健全资源供给结构。健全的资本市场、多渠道的融资机制与完善的人才资源共同形成了科学的资源供给结构。人才资源是建筑企业技术协作创新活动的实行者，在技术协同创新过程中，只有将人才、资本和技术有机结合，才能发挥协同创新系统的完整功能。

2. 服务资源供给形式

服务资源供给包含科技服务、政策支持以及其他服务形式。科技服务主要来源于研究机构和供应链服务系统，研究机构提供基础类和核心类技术，而供应链服务系统则提供科技转化的平台。政策支持的主体来源于政府，政府通过政策引导和法律规范，对研发过程的行为进行控制，防范风险，优化建筑企业技术创新结构。其他服务是通过供应链服务系统提供相关技术的协同创新服务，包括信息服务、金融服务、平台服务等，实现知识、技术、人才资本的共享，提高各种资源的利用率。

三、技术协作创新机制

技术的协同创新演化模式包括探索模式和开发模式两种创新运行模式。探索模式主要用于研发领域，协同创新主体将有限的精力集中于跨组织的技术研发活动，以提高企业原有市场的竞争力；而开发模式则着眼于应用领域，通过外包和建立合作网络等方式，使各参与主体进行合作创新，以扩展新市场、发掘新商业模式。

开发模式包括委托开发模式、协作开发模式和共建基础研发实体模式。委托开发模式是指建筑企业在自身创新能力、创新资源等条件相对较差的情况下，借助政府相关部门的扶持及科研经费的支持，以申请项目的方式，由科研机构和建筑企业共同实现技术创新，其中的关键角色是政府相关部门的科研人员和研发团队。协作开发模式是指建筑企业在具有一定研究开发能力的情况下，通过科研合作来提高其技术能力，针对建筑企业某些关键性的技术问题联合攻关。协作发展应注重跨组织文化知识的整合，善于对跨组织的技术研发活动进行管理，提高各主体优势资源的整合效果。共建基础研发实体模式通常通过重点实验室来展开，通过建立重点实验室，掌握前沿技术，获得技术领域的前沿性科学知识，为其技术发展战略提供指导，以获取的基础科学知识促进企业发展。

开发模式包含合建应用研发实体、合营原经济实体和合营新经济实体。合建应用研发实体是指建立技术开发中心，对应用技术进行研究开发，使技术创新成果在建设项目中得以推广应用。建筑企业在合建应用研发模式中处于主导地位，一般是针对生产经营的技术问题或实际技术需求开展的技术创新活动。合营原经济实体是指建筑企业以技术入股等方式，将研究机构所拥有的研究成果直接用于企业的生产经营活动，主要针对市场稳定、需要进行技术创新以提升企业核心竞争力、获取高额经济效益的企业。合营新经济实体是指由建筑企业和研究机构联合组建而成的科技企业，融研发、生产、应用为一体，该模式不仅能降低建筑企业和高校科研机构的研发成本，而且能为其带来较高的经济效益。

四、激励、约束机制与沟通、合作机制

（一）激励与约束机制

激励机制为建筑企业技术协同创新活动的开展提供了动力与保障，约束机制作为约束行为的准则保证了建筑企业技术协同创新过程的效率性，激励与约束机制共同影响着建筑企业管理层的决策行为。“内部人控制”现象的发生同不能形成有效的激励与约束机制有着很大的联系。因此，同时发挥激励机制的正面促进作用与约束机制的反向作用有利于建筑企业技术协同创新活动的健康发展。影响建筑企业技术协同创新沟通合作与激励约束机制的因素颇多，根据相关研究成果总结出以下主要影响因素：

1. 信息接收类型

马尔沙克和拉德纳（Marschak and Radner）认为，团队成员因相同的目标而组合在一起，依靠准确的信息传达和信息控制使团队成员的行为协调一致。由此可以看出信息管理对组织内部的重要程度。但内部信息分散、集中度不高是组织活动的本质特点。且目标客户倾向于集中不同专业知识领域的人员，从而形成较全能的专业团队，其中团队接收的信息种类大致分为公开信息与私人信息。私人信息是指目标客户只能对代理团队行为进行有限观察，无法获知团队内部关于核心价值或成本类的重要信息，

又称为隐匿信息。公开信息是指目标客户与代理团队在事后获得相同内容的信息，但流通范围仅限于目标客户与代理团队之间，其他机构不可验证。根据所接收信息的公开程度，团队内部成员对不同重要程度的信息进行管理和分类。团队内部成员为有私人信息代理需求的代理行为所付出的代价被称作代理成本。信息公开程度以及事后不可验证性决定着代理成本的大小，并成为构建企业内部激励机制与约束机制的首要因素。

2. 经济人假设理论

经济人假设理论认为“人都是自私自利的”，即每一个从事经济活动的人都是利己主义的，都是以追求自身利益最大化为目标而进行经济活动的。即使现代社会的道德规范对社会成员的行为有重要作用，但在实际生产活动中，仍无法保证当事人的行为符合道德规范。建筑企业是以盈利为目的的经济性组织机构，其最终目标是实现利润最大化，而建筑企业的目标客户则要求投资最小化，建筑企业内部员工则是追求个人利益最大化。因此建筑企业、客户、员工三者的目标存在差异。但从企业角度，员工与建筑企业的整体目标具有一致性，建筑企业实现利润最大化是员工获得个人利益最大化的前提。因此目标一致性的程度是影响建筑企业建立激励机制与约束机制的第二个因素。

3. 建筑企业的绩效评价结果

建筑企业的内部组织、员工的业绩是否易于衡量取决于企业的运行情况。由于现代建筑企业规模庞大，组织结构复杂，单个部门和个人对经营业绩的边际贡献判断标准不统一，对于企业内部的业绩评价体系的研究存在一定程度的缺失。因此，业绩衡量标准成为构建内部约束与激励机制所考虑的第三个因素。

4. 社会经济、政治、文化传统等非营利性因素

建筑企业不应仅以追求利润最大化作为经营目标，在实现企业盈利目标的同时，还应考虑自身的社会价值及一系列非营利性目标，承担更多的

社会责任和义务。如社会经济、政治、文化传统等非营利性因素，即是构建内部激励机制与约束机制的第四个因素。

根据上述影响建筑企业激励与约束机制的因素，从内部管理制度、市场变化应对机制、建筑企业形象文化建设、协作平台搭建等角度构建建筑企业技术协同创新管理的激励与约束机制框架。企业组织规模、行业特征、技术水平、社会文化背景等因素的差异，影响着建筑企业组织内部激励机制与约束机制的性质和特点。贝恩斯和斯特科（1961）认为，不存在完全适用于所有企业的、最优越的内部激励机制与约束机制，一般来说，企业内部的激励机制与约束机制并非纯粹意义上的制度模式、市场模式、文化模式或平台建设模式，而是各种模式及特征的结合，企业所处的客观经济环境决定着各种因素作用的大小。

（二）沟通机制与合作机制

1. 沟通机制

可以从沟通策略、沟通理念、沟通内容、沟通方式以及沟通反馈等角度考虑构建沟通机制框架。建筑企业内部和外部环境均影响沟通机制框架的构建，沟通机制能否有效运行取决于各组织协同作用的程度。另外，建筑企业内部各部门与外部相关组织的协同参与程度、沟通氛围以及沟通策略与技能应用、协调管理信息沟通平台也影响着沟通机制的构建。沟通机制主客体与其影响因素存在相关关系，沟通机制动态运行过程中的方式需要不断完善更新，深化内部各影响要素。

（1）沟通策略。沟通策略对构建沟通机制有指向性作用，直接影响沟通者之间对话的效率。策略从广义上是指组织为实现既定目标而制定的行为准则。建筑企业技术协同创新沟通策略是指为实现企业内部信息的及时沟通而制定的行为准则。建筑企业的各部门及部门内部成员属于独立自主、平等的合作关系，如何借助沟通，实现信息共享，达成协同管理目标是建筑企业沟通策略的要点。建筑企业内部成员的职位等级与接收的信息共享级别不同，因此在制定沟通策略的行为准则时要有针对性。

（2）沟通理念。沟通理念是构建沟通机制的关键性指导因素，代表企业决策层对沟通机制的认知，具体包括各部门在组织文化、管理理念与经营理念等方面的认知，综合企业战略目标、短期任务及企业特征等因素形成针对性的沟通理念。要通过各种沟通方式把建筑企业技术协同创新管理沟通理念传递给企业内部各部门及成员，并保证部门和成员能接受和理解，使内部沟通理念成为建筑企业内部组织的共识，从而保持沟通机制的有效运行。

（3）沟通内容。沟通内容是构成沟通机制的重要组成部分，选择合理的沟通方式，按照沟通策略要求的行为准则有选择地与沟通对象进行沟通。在实际的沟通过程中，沟通方式、沟通内容都会影响沟通结果。合适的沟通内容会因对象的不同而有区别，建筑企业协同管理决策层的外部沟通主要是与政府、银行等机构交流。针对不同的沟通对象，选择不同的信息内容进行沟通，保证沟通对象的知情权。在沟通过程中鼓励倡导与沟通对象双向沟通，促进信息交流，寻求及时的信息反馈，了解沟通对象的需求。建设项目的目标、建设状况、建设进度成果等方面的信息始终是沟通的主题。

（4）沟通方式。合理选择沟通方式是实现技术协同创新管理沟通机制有效运行的关键，常规的沟通方式有口头沟通、书面沟通、体态语言沟通及电子媒介沟通等。随着企业组织形式的不断演进，不同组织形式的沟通方式有着明显的差异。程志超（2005）等通过对北京钢琴厂和联想集团两家企业最频繁采用的沟通方式进行调查，发现传统企业在组织沟通中最频繁采用的方式是面谈，而且选择非电子沟通方式面谈、书面汇报、会议的比重较高。但建筑企业承担的项目具有明显的跨区域特点，宜采用电子方式进行沟通，如电子邮件、电话、手机、内部网络、互联网等。通信技术与互联网技术的发展虽为建筑企业技术协同创新管理的沟通机制提供了便利，但也存在弊端，如建筑企业项目部与企业部门缺少当面沟通，非正式沟通也较少。当面沟通比电子方式沟通更具有感染力，可根据沟通对象的情况及时调整沟通内容。由于沟通的对象是不同主体，当面沟通方式通常能产生其他沟通方式无法产生的效果。任何一种沟通方式和途径都存在优势与不足，要依据技术协同创新管理的沟通目标、任务、对象等因素进行选择。

（5）沟通反馈。沟通反馈是体现沟通机制价值的重要环节，沟通的目的是及时交换信息使问题得到解决。沟通反馈是双向沟通的重要环节，也是建筑企业技术协同创新管理沟通机制的核心。沟通反馈环节的关键在于保证信息传递的完整性和真实性并建立科学的决策机制。在信息传递过程中，其内容不被篡改是沟通反馈环节的关键，此环节要着重考虑外部环境因素和内部环境因素的影响。外部环境变化影响企业管理环境信息的收集、处理与传递以及责任机构的建立，决策机构在了解有关信息后应及时调整目标，迅速应对外部环境变化。内部环境因素影响在于能否及时了解企业各部门和成员的相关信息，控制约束成员的行为。企业各部门与成员有责任形成相关经营信息，并保证信息的完整性与真实性，必要时可设立专门机构对阶段性成果进行评价。

2. 合作机制

合作机制表示两个或两个以上的成员、组织之间为达到某种特定的目标对自身制度进行调整以实现团队之间的有效对接，主要包括合作目标、合作模式、合作理念、合作策略等。建筑企业内外部环境影响合作机制的框架构建，能否有效运行取决于合作机制各环节的协同程度。建筑企业部门与相关组织间的协同参与程度、合作环境以及合作模式与意向均影响合作机制的建立。合作机制主客体与上述影响因素存在相互关系。

（1）合作目标。两个或两个以上组织或成员达成合作的关键是能否形成统一的合作目标。合作目标的一致性是合作机制运行的基础，建筑企业技术协同创新的合作目标是通过协同创新机制提高建筑企业的绩效。合作目标决定协同主体的数量和行为。如产学研合作模式是建筑行业人才培养的必由之路，为实现建筑企业技术协同创新的合作目标可以产学研合作模式为指导。在特定的合作目标下，合作主体分别履行各自的责任，建筑企业主要向研发机构提供研发资源，研发机构主要为建筑企业提供技术研发成果，政府主要为技术协同创新提供政策支持与信息管理平台。

（2）合作模式。合作模式的选择关系着合作目标能否顺利实现，不同的合作模式有不同的利益及风险分担机制。在确定合作模式时，应合理地考虑合作目标与合作模式之间的适应性，并对合作模式所包含的利益及风险分配机制进行明确的划分。在探索合作模式与开发合作模式的技术协同创新下，建筑企业的利益、风险、资源供给范围划分不同。探索合作模式下建筑企业以研发创新技术作为提高市场竞争力的主要手段，开发合作模式下建筑企业以解决创新产品的应用问题作为开拓创新市场的主要方式。

（3）合作理念。合作理念可以解释为合作意识，是贯穿合作行为全过程的思想指导。合作意识指个体对共同行动及其行为规则的认知，是合作行为产生的基本前提和重要基础。合作理念对合作的指导作用体现在成员之间的合作氛围，建筑企业技术协同创新合作理念以协同、创新为主，力求在建筑企业、研发机构以及政府的协同合作下实现技术创新，进而开辟新的市场空间。

（4）合作策略。合作策略是解决冲突，实现各方最大利益的行为策略，分为默契合作策略性行为、明确合作策略性行为。默契合作策略性行为以“重复博弈”、“冷酷”策略、“胡萝卜加大棒”策略为主，明确合作策略性行为以共同成本手册、转售价格维持、基点定价、价格领导、预告价格变动、分割市场和固定份额等理论为主。在市场经济中，合作策略作为一种经济现象仍将长期存在。企业的合作策略性行为受到不同因素的影响。张玉浩等（2009）在对合作策略性行为影响因素的研究中，选择了具有代表性的市场集中度、市场信息不对称性和滞后性等因素，研究结果表明，当市场中的企业数量较少时，企业的合作行为出现的可能性更大，即集中有利于企业间实现合作的策略；当市场存在信息的不对称和滞后性时，削价竞争的策略就会有很大的吸引力，合作就可能难以持续。同时还提出我国企业合作策略行为失败的原因是总体技术水平不高、创新不够、企业价格竞争行为不够理性。因此，建筑企业制定合作策略时应重点考虑技术水平、创新力度以及企业价格竞争行为的理性程度。

第六章　建筑企业技术协同创新机制的绩效评价分析

以协同理念为基础的技术创新活动最终产生一定的绩效成果，本章将从投入产出效率的角度测定具有外显性的创新绩效。采用传统DEA模型和超效率DEA模型进行绩效测度，最终目的是通过绩效测度结果进行评价，找出需要改进的空间并提出改善措施，为企业决策者提供决策依据。采用传统DEA模型和超效率DEA模型进行测度有两方面作用：第一，用数据化的方式说明协同在技术创新行为中创造的绩效成果；第二，能够从整体上反映各研究对象的资源投入与产出之间的效率。

第一节　绩效评价理论采用的方法

国内外学者对生产单位的绩效或效率进行测评采用的方法主有参数方法与非参数方法两大类，每一大类又可以分为若干种具体的方法。两类方法各有优缺点，需要根据实际问题和特点进行选择，并未形成固定的模式。

从参数方法看，测评中首先需要构建数理模型，选择适当的变量（通常包括因变量和若干自变量）并设定待估计参数，在收集和整理原始数据后，将相关数据集输入已构建的模型，最终估计出相应参数并对参数进行显著性检验。在测评中利用参数方法可以得到预期的综合测评结果，并且可以进一步探究影响综合结果的因素。参数方法的典型代表就是SFA（随机前沿分析技术），可以将模型误差项进一步细分为随机误差项和无效率项，并且可对影响效率结果的因素进行检验分析。

对于非参数方法，构建模型时通常无须预先设定待估计参数，只需在收集和整理原始数据后，将经过预处理的数据输入已构建的数理模型得到预期的综合测评结果。由于没有参数估计及检验环节，所以不能从统计上验证影响测评结果的某些因素。非参数方法中最为典型的就是数据包络分析法，其思路是通过综合分析被评价对象（或称为决策单元或生产单元，*DMU*）在运营过程中的多种资源投入与多种成果产出的相对效率水准来评判被测评对象的效率（或绩效）有效性。在实际操作中通常会确定一个标杆状态的生产单元，将其与现实的生产单元进行对比，此标杆状态的生产单元就是有效生产的前沿面。然后通过对比生产单元与有效生产前沿面之间的距离判断生产单元效率的有效性。该方法还可以通过投影技术找到无效生产单元实施改进的方向，即通常会得到某种资源投入应该减少的数量以及产出还可以提升的空间。这种方法的特点有：第一，在评价的过程中有多个被评价对象，即多个*DMU*且每一对象涉及多个资源投入与多个产出要素，该方法可以对具有这些特征的多个对象同时进行评价并得出综合评价结果，还可以为每个单元效率存在的问题指出改进方向，因此具有逐个优化的功能；第二，该方法可以从空间和时间两个角度对评价对象进行分析，如果需要比较同一时间段内具有某种相似属性的多个决策单元（如某行业内的若干个生产企业）在某方面的运营效率（或绩效）水平，那么采用该方法能达到空间范围个体比较的目的，如果想掌握同一评价对象（如某企业）在连续时期内某方面运营效率的发展趋势，那么可以以子时段为一个决策单元对其展开分析，以获得纵向测评的结果。

数据包络分析技术的分析结果为企业管理者的决策提供了有价值的参

考和指导，故在实践中被广泛采用，在理论研究中也处于深入发展的阶段。数据包络分析方法的基本步骤如图6-1所示。

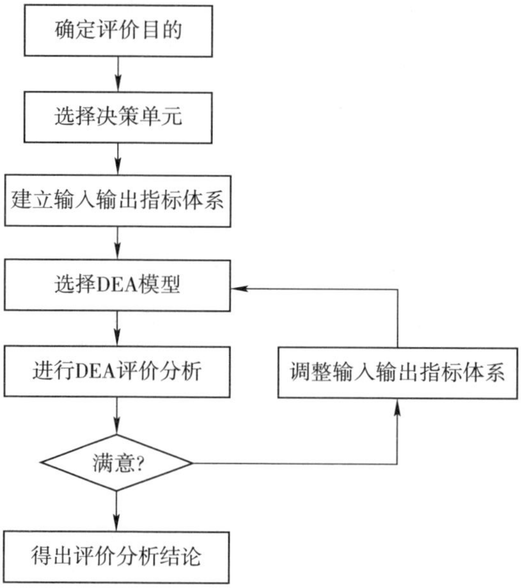

图6-1　数据包络分析技术的实施步骤

对参数与非参数方法的具体评价思想进行分析后，选择何种方法应当根据该方法本身的特征和待研究问题综合考察。建筑企业的技术协同创新过程涉及多种创新资源的投入以及多种创新成果的产出，本节以建筑企业的多个连续时段作为生产单元进行技术创新绩效测度，且对被评价企业技术创新效率的发展态势展开纵向分析，进一步明确被评价企业（尤其是效率缺乏的生产单元）的技术创新效率改进方向以便为决策者提供参考。

在技术创新综合绩效评价方法中采用最多的是生产函数法、层次分析法、DEA模型法三种。其中，DEA模型以概念清晰、应用范围广、便于绩效改进等优点成为较为有效的企业绩效评价方法之一，DEA模型包括C^2R评价模型、C^2GS^2模型、C^2W模型、C^2WH模型等。

一、传统的C²R评价模型

设n个决策单元j（j=1，2，3，k，n）的输入向量为$X_j=(x_{1j},\ x_{2j},\ k,\ x_{mj})^T$，输出向量记为$Y_j=(y_{1j},\ y_{2j},\ k,\ y_{sj})^T$。$x_{ij}$、$y_{rj}$分别表示被评价对象$j$的第$i$种要素投入量和第$r$种成果产出量（$i$=1，2，$k$，$m$；$j$=1，2，$k$，$m$；$r$=1，2，$k$，$s$）。$v=(v_1,\ v_2,\ k,\ v_m)^T$，$u=(u_1,\ u_2,\ k,\ u_s)^T$分别代表输入权重向量和输出权重向量，权重不是根据主观的经验确定，而是基于全体待评价对象的数值计算获得。则第j个决策单元DMU_j的效率评价指数，如公式6–1所示。

$$h_j=\frac{uy_j^{\ T}}{vx_j^{\ T}}=\frac{\sum_{r=1}^{s}u_r y_{rj}}{\sum_{i=1}^{m}v_i x_{ij}}\ j=1,\ 2,\ k,\ n \tag{6–1}$$

在公式（6–1）中，要使$h_j\leqslant 1$，可通过一定取值的v和u来实现。h_j的值越大，表明第j个决策单元在运行过程中效率越高，能够尽可能消耗掉较少的资源投入而获取较多的成果输出。因此，检验第j个决策单元是否达到运行的最佳状况，可以对参数的取值进行变动，直到h_j达到其最大值，据此来做出判断。因此，可构造如公式6–2所示的C²R模型来对第j_0个决策单元的相对有效性进行评价。

$$(P')\begin{cases}\max\dfrac{\sum_{r=1}^{s}u_r y_{rj0}}{\sum_{i=1}^{m}v_i x_{ij0}}\\[2ex] \text{s.t.}\ \dfrac{\sum_{r=1}^{s}u_r y_{rj}}{\sum_{i=1}^{m}v_i x_{ij}}\leqslant(j=1,\ 2,\ k,\ n)\\ u_r\geqslant 0\ (r=1,\ 2,\ k,\ s)\\ v_i\geqslant 0\ (r=1,\ 2,\ k,\ m)\end{cases} \tag{6–2}$$

公式（6–2）属于分式规划，需要将其转化为线性规划问题，通过Charnes–Cooper变换可以实现。令$t=\frac{1}{v^T x_0}$，$\omega=tv$，$\mu=tu$，得到公式6–3。

$$\begin{cases} \mu^T y_0=\frac{u^T y_0}{v^T x_0} \\ \frac{\mu^T y_i}{\omega^T x_j}=\frac{u^T y_j}{v^T x_j} \leqslant 1 \\ \omega^T x_0=1 \\ \omega \geqslant 0, \quad \mu \geqslant 0 \end{cases} \tag{6-3}$$

将（P'）等价转化为线性规划模型（P），如公式6–4所示。

$$(P')\begin{cases} \max\ (\omega^T \mu^T)\begin{pmatrix} 0 \\ y_0 \end{pmatrix}=V_P \\ \text{s.t.}\ \omega^T x_1-\mu^T y_1 \geqslant 0 \\ \quad \omega^T x_2-\mu^T y_2 \geqslant 0 \\ \quad \omega^T x_3-\mu^T y_3 \geqslant 0 \\ \quad \vdots \\ \quad \omega^T x_n-\mu^T y_n \geqslant 0 \\ \quad \omega^T x_0=1 \\ \quad \omega \geqslant 0,\ \mu \geqslant 0 \end{cases} \tag{6-4}$$

依照线性规划的对偶理论，可得到（P）的对偶规划模型（D），如公式6–5所示。

$$\begin{cases} \max\ (\lambda'_1,\ \lambda'_2,\ k,\ \lambda'_n,\ \theta)\begin{bmatrix} 0 \\ 0 \\ k \\ 0 \\ 1 \end{bmatrix}=V_D \\ \text{s.t.} \sum_{j=1}^{n} \lambda'_j x_j+\theta x_0 \geqslant 0 \\ -\sum_{j=1}^{n} \lambda'_j x_j-y_0 \geqslant 0, \lambda'_j \leqslant 0 \end{cases} \tag{6-5}$$

再引入新的松弛变量s^-和剩余变量s^+（s^-，$s^+ \geqslant 0$），并令$-\lambda'_j=\lambda_j$，可将公式6-5对偶模型转化为如公式6-6所示的形式。

$$(D)\begin{cases}\min\theta = V_D \\ \text{s.t.}\sum_{j=1}^{n}\lambda_j x_j + s^- = \theta x_0 \\ \sum_{j=1}^{n}\lambda_j y_j - s^+ = y_0 \\ \lambda_j \geqslant 0,\ j=1,\ 2,\ k,\ n \\ s^- \geqslant 0 \\ s^+ \geqslant 0\end{cases} \tag{6-6}$$

为了对模型（P）和（D）求解，采用线性规划中的单纯形法。在此引入非阿基米德系数ε且将模型（P）等价转换为P_ε模型，如公式6-7所示。

$$(P_\varepsilon)\begin{cases}\max\ (\omega^T \mu^T)\begin{pmatrix}0 \\ y_0\end{pmatrix} = V_{P\varepsilon} \\ \text{s.t.}\omega^T x_1 - \mu^T y_1 \geqslant 0 \\ \quad \omega^T x_2 - \mu^T y_2 \geqslant 0 \\ \quad \omega^T x_3 - \mu^T y_3 \geqslant 0 \\ \qquad \vdots \\ \quad \omega^T x_n - \mu^T y_n \geqslant 0 \\ \quad \omega^T x_0 = 1 \\ \quad \omega^T \geqslant \varepsilon e_1^T, \mu^T \geqslant \varepsilon e^T\end{cases} \tag{6-7}$$

应用对偶理论，获得（P_ε）模型的对偶规划模型（D_ε），如公式6-8所示。

$$(D_\varepsilon)\begin{cases}\min[\theta-\varepsilon(e_1^T s^- + e_2^T s^+)]=V_{D\varepsilon}\\ \text{s.t.}\sum_{j=1}^{n}\lambda_j x_j+s^-=\theta x_0\\ \sum_{j=1}^{n}\lambda_j y_j-s^+=y_0\\ \lambda_j\geqslant 0,\ j=1,2,\cdots,n\\ s^-\geqslant 0\\ s^+\geqslant 0\end{cases} \tag{6-8}$$

C^2R模型中对偶规划（D_ε）模型最优解为（顶点）为λ^*, s^{*-}, s^{*+}, θ^*，则有：

（1）若$\theta^*=1$，并且$s^{*-}=s^{*+}=0$，则表示DMU_{j0}属于DMU有效决策单元。此情况下，决策单元j_0在生产运营过程中的各项生产要素得到了有效的配置，即在投入所需的生产要素之后获得了理想的产出，投入的要素也未被浪费。此时，该决策单元所处的状态通常被描述为达到了最佳的技术效率以及实现了不变规模收益，收益的增加与规模的扩大呈同幅度变化。

（2）若$\theta^*=1$，并且$s^{*-}\neq s^{*+}\neq 0$，则表示DMU_{j0}属于弱DMU有效决策单元。此情况下，某一决策单元往往并不能在同一时刻达到最优技术效率和不变规模收益两种状态。若某个$s_i^->0$，$i\in(1, 2, \cdots, m)$，则表明第i种投入要素中有可以减少的数量为s_i^-。若某个$s_r^+>0$，则表明现有情况下可以增加的产出数量为s_r^+。

（3）若$\theta^*<1$，则表明DMU_{j0}为无效决策单元，即该单元在生产运作过程中投入要素的数量过多，而产出的数量过少，存在资源浪费的情况，需要决策者采取有效的管理方法加以改进。

（4）对于$\theta^*<1$的无效决策单元，采用改进方法为：假设DMU_{j0}为DEA技术无效，x_0是该决策单元的投入要素向量，y_0是该决策单元的产出要素向量，DMU_{j0}经过计算（D_ε）模型后求出的最优解为λ^*，s^{*-}，s^{*+}，θ^*。

令$\begin{cases}X_0=\theta^* x_0-s^{*-}\\ Y_0=y_0+s^{*+}\end{cases}$则$X_0$与$Y_0$是经过改进后达到DEA技术有效性的投入

和产出数量，也就是投影值。

二、传统的C²GS²模型

假设有n个决策单元，其输入数据和输出数据分别用$X_j \in E_m$，$X_j>0$和$Y_j \in E_s$，$Y_j>0$来表示（$j=1$，2，…，k，…，n），则评价决策单元的DEA模型为

$$(D)\begin{cases} \min\theta = V_D \\ \text{s.t.} \sum_{j=1}^{n} \lambda_j X_j \leqslant \theta X_0 \\ \quad \sum_{j=1}^{n} \lambda_j Y_j \geqslant Y_0 \\ \quad \sum_{j=1}^{n} \lambda_j = 1 \\ \lambda_j \geqslant 0,\ j=1,\ 2,\ k,\ n \end{cases} \tag{6-9}$$

其对偶问题为

$$(P)\begin{cases} \max\ (\mu^T Y_0 + \mu_0) = V_P \\ \text{s.t. } \omega^T X_j - \mu^T Y_j - \mu_0 \geqslant 0,\ j=1,\ 2,\ k,\ n \\ \quad \omega^T X_0 = 1 \\ \quad \omega \geqslant 0,\ \mu \geqslant 0 \end{cases} \tag{6-10}$$

若线性规划问题（P）存在最优解ω_0，μ_0，$\hat{\mu}_0$满足$V_{\mathrm{P}} = \mu^{0T} Y_0 + \hat{\mu}_0 = 1$，则称决策单元$j_0$为DEA有效（C²GS²）。当进一步引入非阿基米德无穷小量ε（例如取$\varepsilon=10^{-6}$）作为一种判别手段时，则

$$(P_\varepsilon)\begin{cases} \max\ (\mu^T Y_0 + \mu_0) = V_{\mathrm{P}}\ (\varepsilon) \\ \text{s.t. } \omega^T X_j - \mu^T Y_j - \mu_0 \geqslant 0,\ j=1,\ 2,\ k,\ n \\ \quad \omega^T X_0 = 1 \\ \quad \omega^T \geqslant \varepsilon \hat{e},^T \mu \geqslant \varepsilon e^T \end{cases} \tag{6-11}$$

对应的线性规划问题为

$$
(D_\varepsilon)\begin{cases}\min[\theta-\varepsilon(\hat{e}_1^T s^- + e_2^T s^+)]=V_D(\varepsilon)\\ \text{s.t.}\sum_{j=1}^{n}\lambda_j X_j + S^- = \theta x_0\\ \sum_{j=1}^{n}\lambda_j Y_j - s^+ = r_0\\ \sum_{j=1}^{n}\lambda_j = 1,\ \lambda_j \geqslant 0,\ j=1,\ 2,\ k,\ n\\ s^- \geqslant 0,\ s^+ \geqslant 0\end{cases} \tag{6-12}
$$

其中，$\hat{e}^T=(1,\ 1,\ \text{k},\ 1)\in E_m$，$e^T=(1,\ 1,\ \text{k},\ 1)\in E_s$。设线性规划问题（$D_\varepsilon$）的最优解为$\lambda^0$，$s^{-0}$，$s^{+0}$，$\theta^0$，则有

（1）若θ^0=1，则决策单元j_0为弱DEA有效（C^2GS^2）;

（2）若θ^0=1，且s^{-0}=0，s^{+0}=0，则决策单元j_0为DEA有效（C^2GS^2）。

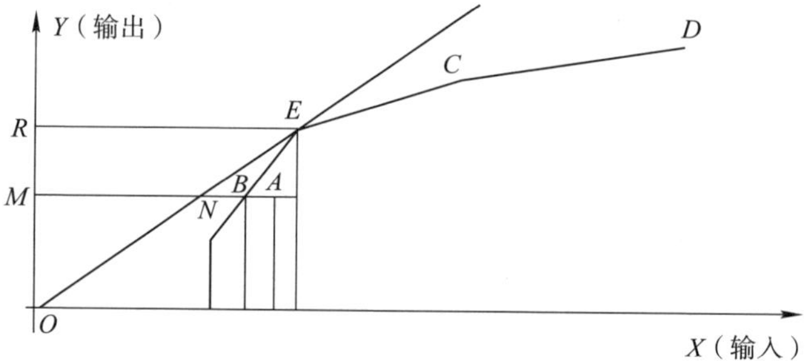

图6-2　技术有效性和规模有效性的理解

图6-2描述了技术有效性和规模有效性的概念：点A为被评价决策单元，其技术M和规模综合效率由比率$\frac{MN}{MA}$给出，即点A与点N，后者反映可达到最佳生产规模的平均生产率；点A的单纯（输入）技术有效性由比率$\frac{MB}{MA}$给出，对比点A与点B，后者处在与点A相同规模值的有效生产前沿面上；点A的（输入）规模有效性由比率$\frac{MN}{MB}$给出，则技术和规模综合

效率$\frac{MN}{MA}$等于技术有效性$\frac{MB}{MA}$与规模有效性$\frac{MN}{MB}$的乘积。

与技术有效性密切相关的规模收益问题，通过考察有效生产前沿面上的一个点（X_E，Y_E），在评价该点有效性的规划问题（P）中，用“截距”μ_0的符号来检验该点的规模收益。设$\bar{\omega}$，$\bar{\mu}$，$\bar{\mu}_0$是问题（P）的最优解，平面$\bar{\omega}^T X-\bar{u}^T Y-\bar{\mu}_0=0$是生产可能集过点$E$（坐标为（$X_E$，$Y_E$）的一个支撑超平面），此支撑超平面是唯一确定的充要条件为$\bar{\omega}$，$\bar{\mu}$，$\bar{\mu}_0$，是规划问题（P）的唯一最优解。

对于（C^2GS^2）模型也可以定义决策单元在DEA相对有效面（有效生产前沿面）上的“投影”。令

$$\hat{X}_0=\theta^0 X_0-s^{-0}=\sum_{j=1}^{n}\lambda_j^0 X_j，\ \hat{Y}_0=Y_0+s^{+0}=\sum_{j=1}^{n}\lambda_j^0 Y_j。$$

式中$\lambda^0=(\lambda_1^0，\lambda_2^0，k，\lambda_n^0)^T$，$s^{-0}$，$s^{+0}$，$\theta^0$为线性规划问题（$D$）的最优解。称（$\hat{X}_0$，$\hat{Y}_0$）为决策单元$j_0$在DEA相对有效面上的“投影”。其中决策单元$j_0$在DEA 相对有效面上的“投影”（$\hat{X}_0$，$\hat{Y}_0$）是非DEA有效转变为DEA有效的改进方向。

有效的生产应该是较少的投入获得较多的产出效果，形成如下的多目标规划问题

$$(VP)\begin{cases} V-\min \\ (X^T，-Y^T) \\ \text{s.t.}\ (X，Y)\in T \end{cases} \tag{6-13}$$

式中$T=\{(X，Y)\mid \sum_{j=1}^{n}\lambda_j X_j\leqslant X，\sum_{j=1}^{n}\lambda_j Y_j\geqslant Y，\sum_{j=1}^{n}\lambda_j=1，\lambda_j\geqslant 0. j=1，2，k，n\}$。则（$X_0$，$Y_0$）是（$VP$）的Pareto有效解的充要条件是$j_0$为DEA有效（$C^2GS^2$）。

三、传统的C^2W模型

当决策单元为无穷多个时，一般使用A. Charness、W. W. Cooper和K. O. Kortanek等研究的半无限规划理论，建立相应的C^2W模型。设Z=决策单元的集合，Z是E_K中的有界闭集。(Z)为决策单元Z对第i项输入的投入量，i=1，2，k，m。g_r(Z)=决策单元，Z=第r项输出的产出量，且为线性函数。

对任意$z\in Z$，设$f(z)=(f_1(z), k, f_m(z))^T>0$；$g(z)=(g_1(z), k, g_s(z))^T>0$。则对于$f$集合的$m$个输入量与$g$集合的$s$个输出量问题，其评价决策单元$Z_0$的DEA模型为

$$(C^2W)\begin{cases}\sup\dfrac{u^Tg(z_0)}{v^Tf(z_0)}=v\\ \text{s.t.}\dfrac{u^Tg(Z)}{V^Tf(Z)}\leqslant 1,\ V_z\in Z,\\ v\geqslant 0,\ \mu\geqslant 0\end{cases}\qquad(6\text{–}14)$$

通过分式规划的Charness–Cooper变换$t=\dfrac{1}{v^Tf(z_0)}$，$\omega=tv$，$\mu=tu$；(C^2W)可变化为等价的半无限规划问题

$$(P)\begin{cases}\sup\mu^Tg(z_0)=V_P\\ \text{s.t.}\ \omega^Tf(z)-\mu^Tg(z)\geqslant 0,\ V_z\in Z\\ \omega^Tf(z_0)=1\\ \omega\geqslant 0,\ \mu\geqslant 0\end{cases}\qquad(6\text{–}15)$$

其对偶规划为

$$(D)\begin{cases}\inf\theta=V_D\\ \text{s.t.}\sum\limits_{z\in Z}f(z)\lambda(z)-\theta f(z_0)\leqslant 0\\ -\sum\limits_{z\in Z}g(z)\lambda(z)+g(z_0)\leqslant 0\\ \lambda(z)\geqslant 0,\ V_z\in Z\end{cases}\qquad(6\text{–}16)$$

式中$\lambda(z)\in E$，$\lambda=[\lambda(z), z\in Z]\in S$，$S$为广义有限序列空间（即$S$是由所有向量$\lambda=[\lambda(z), z\in Z]$组成），其中$\lambda$只有有限多个且分量不为0。

对于规划问题（P）和（D），若$V_D\geqslant V_P$，则（P）和（D）均存在可行解。对偶规划问题（P）和（D）有相同的最优值，且规划问题（D）可以为$V_P=\sup\mu^T g(z_0)=V_D=\inf\theta=\min t\theta$。

设$z_0\in Z$，如果半无限规划问题（P）存在最优解ω^0，μ^0满足$V_P=\mu^{0T}Y_0=1$，则称决策单元z_0为弱DEA有效（C^2W）。若进一步满足$\omega^0>0$，$\mu^0>0$，则称决策单元z_0为DEA有效（C^2W）。因此，建立具有非阿基米德无穷小量ε的C^2W模型：

$$(P_\varepsilon)\begin{cases}\max\mu^T g(z_0)=V_P(\varepsilon)\\ \text{s.t. }\omega^T f(z)-\mu^T g(z)\geqslant 0,\forall z\in Z\\ \omega^T f(z_0)=1\\ \omega\geqslant\varepsilon\hat{e},\ \mu\geqslant\varepsilon e\end{cases}\tag{6-17}$$

$$(D_\varepsilon)\begin{cases}\min[\theta-\varepsilon(\hat{e}^T s^-+e^T s^+{}_0)]=V_D(\varepsilon)\\ \text{s.t. }\sum\limits_{z\in Z}\lambda(z)f(z)+s^-=\theta f(z_0)\\ \sum\limits_{z\in Z}\lambda(z)f(z)-s^+=g(z_0)\\ \lambda(z)\geqslant 0,\ \forall z\in Z\\ s^-\geqslant 0,\ s^+\geqslant 0\end{cases}\tag{6-18}$$

如果半无限规划问题（D_ε）的最优解$\lambda^0(z)$、$z\in Z$，s^{-0}、s^{+0}、θ^0满足$\theta^0=1$，则决策单元z_0为弱DEA有效（C^2W），若进而满足$s^{-0}=0$，$s^{+0}=0$，则决策单元z_0为DEA有效（C^2W）。其对应的多目标规划问题为：

$$(VP)\begin{cases}V\text{-}\min(f_t(z),\ \text{k},\ f_m(z),\ -g_t(z),\ \text{k},\ -g_s(z))\\ \text{s.t. }Z\in T\end{cases}\tag{6-19}$$

式中$T=\{z\mid z=\sum\limits_{j=1}^{t}\lambda_j z^j,\lambda_j\geqslant 0,\ z^j\in Z,\ j=1,\ 2,\ l,\ l\geqslant 1\}$。设$z_0\in Z$，

若不存在$z_0 \in Z$，使得$\begin{bmatrix} f(z) \\ -g(z) \end{bmatrix} < \begin{bmatrix} f(z_0) \\ -g(z_0) \end{bmatrix}$，则称$z_0$为多目标规划（$VP$）的弱Pareto有效解。设$z_0 \in Z$，若不存在$z \in Z$，使得$\begin{bmatrix} f(z) \\ -g(z) \end{bmatrix} \leqslant \begin{bmatrix} f(z_0) \\ -g(z_0) \end{bmatrix}$，则称$z_0$为多目标规划（$VP$）的Pareto有效解。

四、传统的C²WH模型

设$V \subset E_m^+$，$V \subset E_n^+$均为闭凸锥，并且$\mathrm{Int}V \neq \Phi$，以及$\delta_j=(0, k, 0, 1, 0, k, 0)^T \in -K^*$，$j=1, 2, k, n$，其中$K^*=\{x|x^Ty<0, \forall y \in K\}$为$K$的负极锥。$n$个决策单元的输入、输出矩阵分别为$X=(X_1, X_2, k, X_n)_{m \times n}$；$Y=(Y_1, Y_2, k, Y_n)_{s \times n}$。

并且设$X_j \in \mathrm{Int}(-V^*)$，$j=1, 2, \cdots, n$；$Y_j \in \mathrm{Int}(-U^*)$，$j=1, 2, \cdots n$。对于决策单元$j_0$，考虑锥比率的C²WH模型

$$(C^2WH)\begin{cases} \max \dfrac{u^TY_0}{v^TX_0} \\ \text{s.t.} v^TX-u^TY \in K \\ v \in V \backslash \{o\} \\ u \in U \backslash \{o\} \end{cases} \tag{6-20}$$

由分式规划的Charnes-Cooper变换：$t\dfrac{1}{v^TX_0}$，$\omega=tv$，$\mu=tu$，得到与（C²WH）等价的凸规划问题

$$(P)\begin{cases} \max \mu^TY_0=V_P \\ \text{s.t.} \omega^TX-u^TY \in K \\ \omega^TX_0=1 \\ \omega \in V, \mu \in U \end{cases} \tag{6-21}$$

由$K \subset E_n^+$得知规划问题（P）的最优值$V_P \leqslant 1$。若规划问题（P）存在最优解ω^0，μ^0满足$V_P=\mu^{0T}Y_0=1$，则称决策单元j_0为弱，DEA有效（C^2WH）。若进一步有$\omega^0 \in \mathrm{Int}V$，$\mu^0 \in \mathrm{Int}U$，则称决策单元$j_0$为DEA有效（$C^2WH$）。

由锥的对偶理论可知，规划问题（P）的对偶规划为

$$(D)\begin{cases}\min \theta = V_D \\ \text{s.t.} X\lambda - \theta X_0 \in V^* \\ -Y\lambda - \theta X_0 \in U^* \\ \lambda \in -K^*\end{cases} \tag{6-22}$$

在使用凸锥度量决策单元的DEA有效性时，相应的生产可能集为$T=\{(X, Y) \mid (X, Y) \in (X\lambda, Y\lambda)+(-V, U^*), \lambda \in -K^*\}$。式中$V^*$，$U^*$，$K^*$分别为集合$V$，$U$，$K$的负极锥。显然，$(X_j, Y_j) \in T$，$j=1, 2, k, n$。

决策单元的DEA有效性（C^2WH）与相应的多目标规划之间的关系可表示为

$$(VP)\begin{cases}V\text{-}\min\,(f_1(X, Y), k, f_{m+s}(X, Y)) \\ (X, Y) \in T\end{cases} \tag{6-23}$$

式中$T=\{(x, y) \mid (x, y) \in (X\lambda, Y\lambda)+(-V^*, U^*), \lambda \in -K^*\}$，

$$f_k(X, Y)\begin{cases}x_k, & 1 \leqslant k \leqslant m \\ -y_{k-m}, & m+1 \leqslant k \leqslant m+s\end{cases} \tag{6-24}$$

$X=(x_1, x_2, k, x_m)^T$，$Y=(y_1, y_2, k, y_s)^T$。记$F(X, Y)=(f_1(X, Y), k, f_{m+s}(X, Y))$。

若$(X_0, Y_0) \in T$为多目标规划（VP）关于$V^* \times U^*$的非支配解，则不存在$(X, Y) \in T$，使得$F(X, Y) \in F(X_0, Y_0)+(V^*, U^*)$，$F(X, Y) \neq F(X_0, Y_0)$；若称$(X_0, Y_0) \in T$为多目标规划（$VP$）关

于 $\mathrm{Int}V^{*}\times\mathrm{Int}U^{*}$ 的非支配解，则不存在（X，Y）$\in T$，使得 $F(X,\ Y)\in F(X_0,\ Y_0)+(\mathrm{Int}V^{*},\ \mathrm{Int}U^{*})$；若（$X_0$，$Y_0$）$\in T$ 为多目标规划（VP）关于 $V^{*}\times U^{*}$ 的非支配解，则不存在（X，Y）$\in T$ 使得 $F(X,\ Y)\in F(X_0,\ Y_0)+(\mathrm{Int}V^{*},\ \mathrm{Int}U^{*})$。决策单元 j_0 为DEA有效（C^2WH）的充要条件是（X_0，Y_0）为多目标规划问题（VP）关于 $V^{*}\times U^{*}$ 的非支配解；决策单元 j_0 为DEA有效（C^2WH）的充要条件是（X_0，Y_0）为多目标规划问题（VP）关于 $\mathrm{Int}V^{*}$，$\mathrm{Int}U^{*}$ 的非支配解。

五、超效率DEA模型

在实际中，运用传统的 C^2R 模型求出的有效决策单元较多，而这些有效决策单元的相对效率评价值都是1，很难运用传统的 C^2R 模型对这些有效决策单元（DMU）进行继续评价及排序。而对传统模型进行改造后，变成超效率DEA模型能较为有效解决此问题。超效率DEA评价模型与传统DEA模型的数学形式较为相似，具体表达形式如公式6-25所示。

$$\begin{cases} \min\theta \\ \text{s.t.}\ \sum\limits_{\substack{j=1 \\ j\neq k}}^{n} X_j\lambda_j \leqslant \theta X_k \\ \text{s.t.}\ \sum\limits_{\substack{j=1 \\ j\neq k}}^{n} Y_j\lambda_j \geqslant Y_k \\ \lambda_j \geqslant 0,\ j=1,\ 2,\ \cdots,\ n \end{cases} \tag{6-25}$$

在采用超效率DEA模型对决策单元 DMU_{j0} 做效率测评时，遵循的基本思想是在对某一 DMU_{j0} 展开评价时，首先将该 DMU_{j0} 排除在决策单元集之外。如果该 DMU 无效，那么在对其进行评价时产生的生产前沿面不会发生改变，测度出的超效率评价值和采取传统的 C^2R 模型进行测度的评价值一样，都是小于1的数值。如果是有效决策单元，在采用超效率DEA模型评价时，生产前沿面会向后移动，超效率DEA模型所测度的效率值就会大于1，在这样的情况下仍然会有效率值等于1的决策单元存在，这类点被称为弱有效点。同样可以理解有效*DMU*的超效率值为：若让该决策单元在效率值保持不变的前提下，投入按比例增加，其投入增加的比例便是该*DMU*的超效率评价值。

可以通过5个（双投入单产出且产出相同的）决策单元来理解此模型。如图6–3所示，有效生产前沿面为*A*、*B*、*C*、*D*，用传统C^2R模型计算出来的*A*、*B*、*C*和*D*的效率值均为1。在使用超效率DEA模型计算*B*点的超效率值时，将其排除在决策单元参与集合之外，则有效生产前沿面就变为了*ACD*，图中所示的经$B'B$测算后*B*点代表的是该资源可扩张的程度，几何表达式为$OB'/OF>1$，则可以看出*B*点的超效率DEA模型评价值大于1。但对于本就不在生产前沿面上的*F*点，当将其排除在决策单元的参与集合之外时，使用超效率DEA模型得出的评价值不会发生变化，即不会导致生产前沿面的变化，与使用传统的DEA模型所测度出来的评价值相同，都是小于1，其几何表达式为$OB/OF<1$。决策点集合中还有一类比较特殊的点，虽然是有效决策点，但是其效率值始终等于1，不会因为采用超效率模型测度而发生取值变化，这类点通常称其为弱有效点。如图6–3中的*D*点，当在评价时将其排除出决策单元集合之外后，不会导致生产前沿面的变化。最后计算出所有决策单元点的超效率评价值并进行排序。

对传统的DEA模型和超效率DEA模型进行系统的分析与解释之后，在对案例建筑企业进行绩效评价的过程中，采用上述两种方法。首先按传统的DEA方法计算各*DMU*决策单元的效率值，筛选出其中的无效决策单元，以此作为管理者管理决策的依据。另外，采用超效率DEA模型对各个*DMU*决策单元进行区分与排序，在得出技术创新的相对效率指数后对建筑企业在某一段时期的技术创新效率领先程度进行测算和比较，为决策者全局考虑技术创新资源的配置以及采取管理措施提供参考。

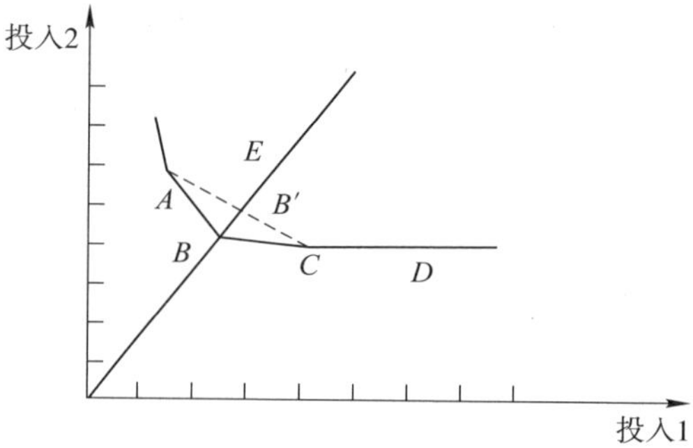

图6–3　5个样本点的等产量曲线图

第二节　创新绩效评价指标体系的构建

一、评价指标选取原则

评价指标的选取直接关系着绩效评价效果的合理性，其选取需要遵循一些基本原则。科学合理的评价指标体系在企业的实际决策中起着参考的作用，能够为企业决策者提供决策参考。因此，选择评价指标体系时需要遵循以下的基本原则。

（一）全面性原则

主要是指应充分概括绩效评价的内容，在选取指标的过程中不能忽略具有代表性的指标，否则会导致绩效评价结果的可信度和参考度降低。

（二）科学性原则

首先，体现在绩效评价内容的全面和重点之间的最佳平衡点上。其次，体现在具体问题具体分析上，需根据行业特点设置具体合理的指标，如建筑行业的投入、完成的产量等，在设置合理的指标评价体系时需要注意体现相应的特点。最后，选取数据方面应充分描述相应指标量表的实际情况，且可以量化的指标体系。

（三）真实性原则

在选取指标时，所有数据应客观，具有真实性。

（四）针对性原则

需要根据建筑行业的特点，设置有针对性的指标，确保结果更具客观性，体现建筑企业技术创新的真实绩效水平。

二、创新评价指标选取的思想依据

在建筑企业技术协同创新绩效评价的过程中，形成的指标体系对建筑企业战略布局具有重要的导向作用。多数企业进行绩效评价时会将利润率等一系列财务指标作为主要的标准，若仅从财务方面进行绩效的分析将不利于企业的可持续发展。弥补财务绩效指标评价企业整体绩效结果的局限性，需设计出更加科学合理且全面的指标体系，使绩效评价结果既能够反映财务的内容，也能反映技术创新方面的内容。企业不仅要对短期的绩效水平和内部发展状况有正确估量，还要对未来的发展方向做出引导。

本书在选取创新评价指标体系的过程中，根据平衡计分卡理论对财务、客户、内部运营、学习与成长四个要素进行分析，将组织战略体系落实为可以操作的衡量指标和目标值的绩效管理体系，设计出符合建筑企业特点的技术协同创新机制绩效的评价指标体系，促进企业创新的绩效实施战略改进，提升企业的核心竞争力。四个要素关系如图6-4所示。

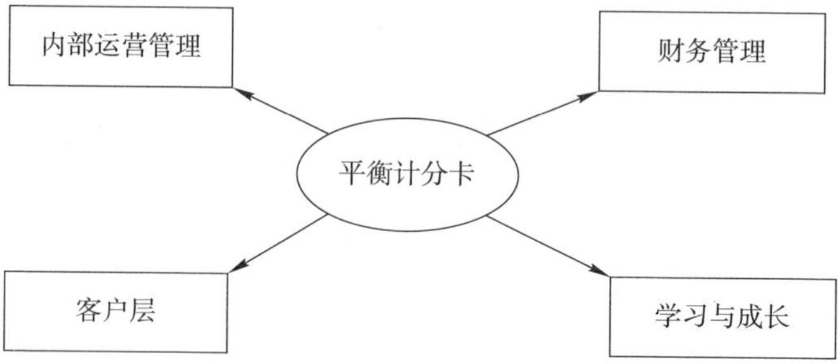

图6–4　平衡计分卡

（一）内部运营管理

内部运营管理是平衡计分卡模型与其他考察模式显著的不同点，建筑企业要实现外部绩效的提升，必须从内部入手，坚持完善企业的内部运营管理，减少不必要的支出，活跃外部显著性绩效成果。提高外部显著性绩效成果需要针对建筑企业在技术创新过程中的协同创新发展提出改进建议。如通过改进创新激励、创新组织和创新策略等管理措施来提高建筑企业的绩效收益。

为了保证技术协同创新内容的客观性，在技术协同创新管理手段的考核指标体系中，设置了技术协同创新的创新激励指标和创新决策指标，创新激励代表实际的措施，创新决策代表企业的创新方向。创新激励措施主要从经济、福利（物质）层面进行描述，创新决策主要从理念、文化（精神）层面进行阐述，以此进行相关考核。

（二）学习与成长

该要素主要是体现建筑企业中员工的知识与技能成长以及建筑企业通过投入各种资源来促进创新能力的提升。如建筑企业开展的各类技术协同创新活动中，通过增加研发资金投入以及将研发设施进行升级等条件促进企业员工的学习与成长，激发企业在未来发展中的活力和创新驱动力。

企业的学习与成长会扩大对研发的人、财、物等资源的投入力度，因此，观察对资金、人员等方面的投入与公司实力规模的线性关系可以了解企业对创新层面的积极程度与重视程度。而投入的规模又将直接影响到产品或者施工工艺水平，以及技术协同创新的核心竞争优势。因此，在设置此类指标时，要重点将企业创新的投入与科技人员的装备状况作为重要的考核指标，如研发人员待遇、研发产品资金投入、研发产品比例以及培训人员相关支出等。

（三）客户层

客户数量的多少反映了产品市场占有率的高低。基于客户层群体视角主要对创新成果进行检验。企业投入各项资源的最终目标是赢得市场，因此客户保有率可以反映企业的投入与成效。建筑企业可以通过提高产品质量来吸引客户，也可以将提高质量、研发更低成本的产品作为扩大客户层的优势，从而增加经济效益。

此要素根据建筑企业的特点可以设置品牌认可度（品牌影响力）、研发新产品的投资额、单位产品的能耗与产出额、成本变化、研发人员科研成果等指标。

（四）财务管理

财务考核的结果实际上就是学习与成长、客户的增长以及内部管理运营措施共同作用的成果。前面三个要素的运行结果最终使财务目标得以实现。即在整个技术协同创新的过程中，不能单纯依靠利润率来判断整个指标体系的绩效结果，还应当确立合理的技术协同创新决策理念，将建筑企业向长远发展的蓝图推进。

三、评价指标体系构建

根据上述分析，构建建筑企业技术协同创新评价体系，如表6–1所示。

表6–1 建筑企业技术协同创新评价体系

	一级指标	二级指标	备注
建筑企业技术协同创新评价指标体系	资源投入	R&D人员投入比例	企业负责开发研究新产品或技术的人员占总人数的比例
		R&D人员当时全量	企业在选取测试数据时的技术创新研发人员数量
		R&D经费投入比例	企业研发创新所需经费占企业总支出的投入比例
		R&D经费投入数量	企业研发创新所需经费
		建筑企业技术装备率	年末建筑企业自有机械设备净值与年末全部职工或全部工人人数的比值
		非R&D投入强度	技术引进与技术改造费用占销售收入的比例
		硕士及以上学历人数占R&D人员总数的比重	企业研发创新人员中硕士及以上学历的人数占比
		建筑企业专业技术人员数量	企业专业技术人员数量
		R&D人员占企业总人数的比重	企业统计数据时研发创新人员占企业总人数比例
		R&D人员人均培训经费投入	企业创新研发人员的培训经费的投入
	创新管理手段	创新决策	企业鼓励创新的决策
		创新激励措施	企业创新激励措施
	间接成果产出	专利授权数量	企业专利授权数量
		权威期刊论文数量	企业研究人员在权威期刊发布的论文数量
	最终绩效	单位能耗产出额	企业单位能耗的产出
		研发的新产品导致的利润增加额	企业由于研发创新产品增加的利润
		建筑企业缴纳所得税费用总额	建筑企业缴纳的税费
		产品利润率	研发的创新产品利润占总产品利润比例
		能耗降低率	企业采用创新技术降低的能耗占总能耗比例
		建筑企业总产值	建筑企业总产值
		成本降低率	企业使用创新产品降低的成本比重
	社会效益	环境污染降低程度	新产品使环境污染降低程度比率

第七章　建筑企业技术协同创新机制的企业价值影响

第一节　建筑企业短期财务绩效价值影响

协同创新管理的运行机制是通过合理分工为建筑企业创造更高的财务绩效价值。建筑企业经营行为的最终目的是追求和实现利益最大化。增强建筑企业盈利能力是其进行机制创新的重要动力，技术协同创新体系中各机制是企业提升创新能力的直接体现。

一、驱动机制对建筑企业短期绩效价值的影响

建筑企业技术创新人员的创新意识与创新成果研发是否成功直接相关。活跃的技术创新意识能够不断激发科研工作者的创新热情。通过提高技术创新工作者的创新意识和创新水平，促进创新成果的转化，创新成果通过营销环节进入市场，能够扩大市场份额，占领新的市场空间，拓展新的业务领域，提高短期财务盈利能力，提升绩效价值。建筑行业中出现的各种创新管理模式、创新技术、新的行业标准规范对建筑企业价值的形成影响较大。例如政府与社会资本合作模式（Public-Private-Partnership，PPP）的出现，对部分建筑企业产生了较大冲击。2014年开始，学术界对

PPP模式进行了大量研究，分析了PPP模式的适用情况、优势及劣势等。建筑企业开始介入PPP项目的承包，但从国家发布的PPP项目综合信息可以看出，PPP模式作为一种对传统建筑管理模式具有冲击力的新型管理模式，因未能满足国家的指标要求而造成大量项目被迫清退。在建筑市场，无论是创新行为、创新技术，还是提高创新意识、了解前沿科学技术都对建筑企业绩效有着重大影响。

二、资源供给机制对建筑企业短期绩效价值的影响

资源供给直接影响建筑企业技术创新的储备力量，做好技术协同创新的重要前提是要有充足的资源。良好的资源供给机制给技术创新工作提供了源源不断的动力。资源供给的平台一般为高校、政府、金融机构等，分别为建筑企业技术创新工作提供人才资源、政策环境以及资金支持。在资金、人才、政策环境资源稳定且充足的供给机制下，能促进建筑企业创新成果的产出，提高建筑企业短期甚至长期的绩效价值。

三、技术协同机制对建筑企业短期绩效价值的影响

技术协同机制的模式分为两种：探索式模式和开发式模式。技术研发创新能力较弱的建筑企业根据自身资源、特点和需求委托有能力进行技术创新工作的机构如高校、科研机构等进行创新研发工作。具备一定研发技术的建筑企业根据自身水平选择与之匹配的高校或科研机构进行合作，共同开展创新活动。这种合作方式为建筑企业和科研机构之间的合作打通了壁垒，加强了理论与实践之间的联系，与委托开发模式下的创新活动相比更能提高创新研发的技术可行性。如建筑企业投入资金，科研机构提供科研设备及双方共同打造专业化的基础实验室，充分利用实验室的资源进行技术研发创新活动。企业和科研机构通过合作增强合作主体之间的协调性，提高企业的绩效的同时增强了科研机构的研发能力。

四、沟通合作与激励约束机制对建筑企业短期绩效价值的影响

沟通合作与激励约束机制主要是为调动创新工作者的积极性而解决的管理层面的问题。通过技术入股、薪资补贴、提高福利待遇等激励方式，形成有效的激励合作机制，提高建筑企业创新工作者的研发热情。通过建立合理的沟通机制，使管理者与科研工作者的沟通能够顺利进行，管理者深入了解科研工作的具体问题并及时解决。通过沟通反应机制，协调、统一科研团队成员与管理者之间的行为，有利于营造宽松的、有活力的研发环境和氛围。有意识地建立与激励机制相匹配的约束机制，既能张弛有度的管理，又能发挥制度的规范作用，对研发创新技术具有促进作用。

第二节　建筑企业长期市场潜力价值影响

合理的技术协同创新运行机制不仅对建筑企业的短期绩效有明显影响，对建筑企业的可持续发展同样产生极大影响。

一、驱动机制对建筑企业长期市场潜力价值的影响

对长期发展潜力的关注是企业突破短期思维的结果，也是企业取得持续优势的前提。使建筑企业能够长期发展的内部驱动力，主要依靠创新力量，而创新力量的主要支撑是科技创新工作者。因此，科研工作者的创新意识是建筑企业关注的重点。建筑企业的长期市场潜力价值很大程度上取决于创新优势，缺乏活跃的创新意识及创新优势容易使企业在市场竞争过程中被淘汰。因此，建筑企业内部创新工作者的创新意识对建筑企业长期发展的市场潜力价值影响极大。

二、资源供给机制对建筑企业长期市场潜力价值的影响

保障创新资源的供给是企业进行创新的基础，也是开展创新工作的持续动力。建筑企业的创新投入资金数额大、耗费的资源和材料数量大，因此建筑业在资源的供给方面需要充分利用政府的支持以及财务杠杆的作用，引入银行等金融机构的资金，使创新能顺利进行。资源供给对建筑企业短期甚至长期的发展目标及市场潜力的价值影响较大。目前政府对建筑行业的政策支持力度较大，建筑企业应保持稳中求进的发展速度，为国民经济的增长发挥带头作用，引领国民经济进一步发展。

三、技术协同机制对建筑企业长期市场潜力价值的影响

技术协同机制影响建筑企业的运营与研发，与科研力量较强的机构共同开发，一定程度上既保持了自身市场资源的优势，又在合作的过程中借鉴了经验，吸收溢出性创新知识，提高自身的科技研发创新力量，为节约资源提供了较大空间，为各领域优势力量互补提供了紧密联系的协同网络，促进了建筑企业资源优势的充分发挥，为建筑企业未来在建筑行业市场中的发展奠定了基础。

四、沟通合作与激励约束机制对建筑企业长期市场潜力价值的影响

沟通合作与激励约束机制作为一种管理内控制度，影响着建筑企业的经营。良好的沟通合作与激励约束机制不仅影响科研创新工作者，更影响公司运行的基本制度和各阶层的管理者与技术工作人员。制度的存在是为了管理员工，使企业更好地运转，创造出更好的效益。沟通合作与激励约

束机制的建立与完善促进了员工的积极性，健全了内部管理控制制度，提高了建筑企业技术创新研究人员的创新热情，使管理链环节出现“创新—绩效”正反馈作用，使建筑企业的制度把控实现了前瞻性决策管理，进而影响其长期的市场潜力价值。

第三节　建筑企业内部管理制度价值影响

机制的运行就是制度的运行，技术协同创新机制的运行效益与建筑企业内部管理制度的效益直接挂钩，机制的作用基本表现在建筑企业内部管理制度的价值上。因此，分析建筑企业技术协同创新运行机制的价值也是分析建筑企业内部管理制度价值的影响，但机制运行的作用从环境角度分为内部的管理制度价值与外部企业文化形象的价值。

一、驱动机制对建筑企业内部管理制度价值影响

驱动机制是建筑企业内部管理制度提高自我创新意识的补充表现形式，也是建筑企业应对外部技术、市场等环境因素的制度总结。事物的各个部分是机制存在的前提，而在建筑企业的技术创新活动过程中，从事技术创新活动的工作者是机制中关键的一环。驱动机制作为建筑企业内部管理制度中的一个环节，驱动对象是技术创新工作的科研人员。同时，驱动力机制还提高了建筑企业内部管理人员的创新意识，规范了科研人员的工作行为，协调了创新与制度之间的关系，弥补了创新与制度之间的机制空白。

二、资源供给机制对建筑企业内部管理制度的价值影响

资源供给机制在建筑企业内部管理制度发挥作用的过程中扮演着重要角色。技术创新的前提是拥有创新资源，因此，资源供给是建筑企业进行

技术协同创新活动的重要基础。资源供应管理的机制是建筑企业内部管理制度的重要内容，通过对材料、资金、人才等资源供给途径的探讨与分析，在资源供应充足的情况下，在资源利用环节开展技术创新活动，无论是对无形资源的分析，还是对人才创新队伍资源的管理，都在建筑企业技术创新过程中起着重要作用，因此，资源的供给机制对建筑企业内部管理制度的价值影响具有关键的链接生产作用。

三、技术协同机制对建筑企业内部管理制度的价值影响

从管理制度的价值来看，技术协同机制主要是围绕协同性开展，运作良好的建筑企业不仅能依靠自身实力取得成功，优秀的管理者还善于把握企业内部制度运行过程中的协同作用，即将有限的资源经过有效的管理进行充分的整合利用，发挥资源的最大利用价值。而技术协同机制对于资源的整合有明显作用，建筑企业通过选择与自身实力程度相当的科研机构或高校等进行资源优势互补的协同，将科研机构、高校等的科研创新能力优势与建筑企业的市场信息以及产品开发经验相结合，形成更大的合作空间，为建筑企业的内部协同管理制度提供了参考。

四、沟通合作与激励约束机制对建筑企业内部管理制度的价值影响

沟通合作与激励约束机制在建筑企业内部管理制度中是与驱动机制联系较为紧密的一环，与驱动机制不同的是，其更加注重团队及员工之间的协作能力以及上级对下级合作行为的激励。沟通合作与激励约束机制更加偏重于技术创新活动过程中的协同作用，强调队员之间、团队之间、机构之间的合作与交流。在各方（员工、团队、机构）合作过程中，有利于协同工作，增加对不同领域知识的理解与协同。因此，沟通合作与激励约束机制对建筑企业内部管理制度的作用表现为扩大了不同主体

之间的合作交流性，增加团队优势，优化建筑企业内部管理制度，更能体现协同的优势。

第四节　建筑企业外部市场形象价值影响

各种机制对企业外部形象价值的影响是内在机制作用的外在表现形式。各种机制在建筑企业内部形成的作用链和作用力，互相影响、互相作用，最终呈现的是企业的外部市场形象，如文化理念、经营成果等。

一、驱动机制对建筑企业外部形象价值的影响

驱动机制运转对建筑企业内部造成的影响由内而外地表现为建筑企业外部市场形象价值。建筑企业员工创新意识的自我提升驱动力与创新成果的实现紧密相关；外部市场及技术等因素的冲击力与研发成果的基础高度紧密相连。企业充分利用现有的技术进行创新活动，结合新技术成果提高自身技术创新水平和能力，尊重创新人员研究成果，提升创新工作者的创新意识，形成建筑企业以创新立市的企业形象，吸引优秀的创新人才，从而形成正向的创新市场形象价值反馈。

二、资源供给机制对建筑企业外部市场形象的价值影响

资源供给机制对建筑企业的外部市场形象价值影响表现为资源配置能力。建筑企业规模越大，对运营管理能力要求就越高。资金方面，建筑行业的资金链长、金额大，造成资金供给周转对协调管控能力要求高；材料方面，因涉及多种类的建筑材料，对材料的采购、运输、进场等的安排及供给能力要求高；从业人员方面，建筑项目的工程队伍庞大复杂、工种类型繁多，对控制人员的进场、岗位安排的能力要求高。稳定的资源供给机

制需要综合资源安排与把控能力。因此，资源供给机制对建筑企业的外部市场形象具有强有力的管控能力和风险应对能力，以吸引更多投资，并利用稳定的资源配置、供给机制扩大市场规模。

三、技术协同机制对建筑企业外部市场形象的价值影响

建筑企业通过与科研、高校等机构协同合作，以共建基础实验室或出资支援研发创新活动等方式，建立企业与外部机构间的协同创新沟通合作机制。不同模式的技术协同机制会产生不同的协同效果，如委托开发模式的协同机制，更多的影响在于技术创新开发的结果，建筑企业通过委托开发，形成科技创新活动的成果，来开发市场规模；共建开发模式下，建筑企业与科研机构在研发过程中的协作交流程度更高，不仅提高了交流协作能力，也使建筑企业掌握了技术研发创新方式和知识，进而提升了建筑企业的协作能力，强化了合作。

四、沟通合作与激励约束机制对建筑企业外部市场形象的价值影响

通过建立完善的沟通合作与激励约束机制，使建筑企业内部各部门之间形成良好的合作意识和氛围，约束员工行为。通过建立有效的沟通合作机制，开拓科研创新员工与各部门员工、上级管理层人员之间的沟通渠道，确保信息得到有效的沟通，形成沟通反馈机制，在创新过程中实现主体间信息对等，保证创新研发活动能有效地提高创新工作效率和管理效率，使建筑企业保持高效率、有组织、有活力的外部市场形象。

第八章　建筑企业技术协同创新的案例分析

第一节　案例背景

结合前文的研究理论和方法，案例选择拥有特级资质的四川A建筑股份有限公司（以下简称A建筑公司）为对象进行分析。

A建筑公司业务布局涵盖投资开发（地产开发、建造融资、持有运营）、工程建设（房屋建筑、基础设施建设）、勘察设计、新业务（绿色建造、节能环保、电子商务）等板块。

在生产经营过程中，A建筑公司始终坚持以科学技术为第一生产力，技术是公司成长和壮大的重要牵引力。虽身处西部地区和传统行业，但公司管理层一致认为只有先进的科学技术才能促进生产模式和组织模式的变革，为高质量发展提供支撑，形成其核心竞争能力。

通过持续创新，A建筑公司在超高层施工装备与技术、大跨度建筑施工技术与工艺、钢结构智能制造、高性能混凝土新材料、机场建筑设计等领域具有较强的研究实力，为其房建、基础设施、海外和新业务的发展提供了强大动力。在一些关键技术领域已经达到行业先进水平。其技术研发的重点聚焦于新工艺、应用技术和集成技术的研发和应用，从而大幅度提升公司的生产效率和组织效率。

A建筑公司在“十二五”期间继续有序推进科技创新，在“绿色建筑”“建筑工业化”“BIM 技术”等领域均取得了长足进展。不断推进绿色建筑研发与应用，建筑工程绿色建造关键技术取得阶段性成果；建筑工业化逐步落地，并应用于相关项目施工；BIM 技术优势地位更加凸显，形成了建筑工程设计、施工应用指南等适合于自身的企业标准。

根据四川省发展建筑工业化的总体要求，2015年A建筑公司加大科技研发投入，当年承担公司内外独立和联合科技研发立项项目（课题）48个，研究内容包括基础设施建设工程、工业化建筑、绿色建筑、BIM技术、设计专业集成技术以及建筑工程共性技术研究等，以满足开拓新业务和支撑主业发展的需求。同时，强化“产学研用”的紧密结合，不断提升成果转化力度。如BIM技术、铝模板技术、机器人焊接、物联网技术等，提高了效率和质量。

2016年A建筑公司持续推进绿色建造、智慧建造、建筑工业化科研工作。参加省部级重大科研项目取得突破，如在建筑领域重点专项“绿色建筑与建筑工业化”中成功牵头3个研究项目。与部分科研单位签订战略合作协议，深入开展绿色建造、3D打印等高端科技合作，进一步加大了国内外技术交流，增强了公司科技实力。

2017年A建筑公司获两项省和部门重点研发计划项目（施工现场构件高效吊装安装关键技术与设备）牵头4个课题；获政府间国际科技创新合作重点专项课题1项。“十三五”以来，累计获省级、地厅级和联合申请的科研项目8个，获得项目及经费数居地方建筑企业前列。获省部级工法246项，约50个项目达到行业先进水平。科技成果数量和质量均居行业前茅。

2018年A建筑公司的研发投入增长的主要原因在于公司致力于高质量发展，持续加大科技投入，围绕建筑主业，在超高层建筑、地下综合管廊、复杂地质隧道挖掘、信息化建设等建筑高端领域承接大量省部级、地市级等科研课题，并以政府投入与企业自筹两手并重方式筹集资金，为公司高质量发展打下坚实基础。2019年A建筑公司报告期内，获得1项省级科技进步奖，获得2019年度工程勘察、建筑设计行业和市政公用工程优秀勘察设计奖32项。

在总部层面，研发了土木工程智慧监测平台、智慧社区设计技术、地铁渣土处置技术等对行业发展具有重要影响的关键技术。结合转型升级的战略目标，A建筑公司在多个领域取得了科技领先优势，如在建筑工业化领域，研发龙骨复合一体化多功能外围护体系，开发全生命周期智能建造平台和智能建造机器人，推动生产线智能化；在智慧建造技术创新领域，成功研发高速超精细无接触变形测量系统，打破了国际少数公司的技术垄断。在新材料领域，研发高性能轻质微孔混凝土墙体、碳纳米管高性能建材等新产品，产业化前景广阔。

第二节　A建筑公司技术协同创新的行为动因分析

一、A建筑公司的技术协同创新内部动因分析

建筑企业的绩效由内部和外部两个动因共同决定。针对该建筑公司的具体情况，内部动因将从与创新密切相关的创新型人才管理机制、企业发展绩效、企业未来发展方向等方面进行分析。

（一）创新型人才管理机制

建筑企业创新型人才不足的情况已成为影响我国建筑业转型升级的重要因素。随着国家建设“创新型国家”战略的发布，各个行业都采取了促进企业创新转型升级的积极举措，从图8-1中看出，2015—2019年该公司的研发人员数量呈逐年上升的趋势，积极引进创新型人才。

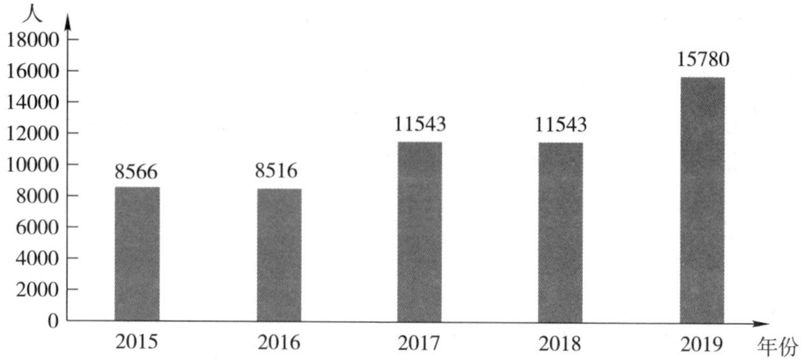

图8–1　2015—2019年公司研发人员数量

数据来源：A建筑公司2015—2019年年度报告。

技术研发人员数量的增长表明该建筑公司正积极响应国家的战略大布局。创新型建筑企业的经济增长主要依靠创新驱动，建设创新型建筑企业是节约资源能源、保护环境、实现高度集约化发展的重要手段。

该公司在创新型人才研发成果保护方面具有很强的意识。2014—2019年专利授权项数量如图8–2所示。同时，专利授权数量不断上升，这对公司的研发创新型人才具有较大的激励作用。

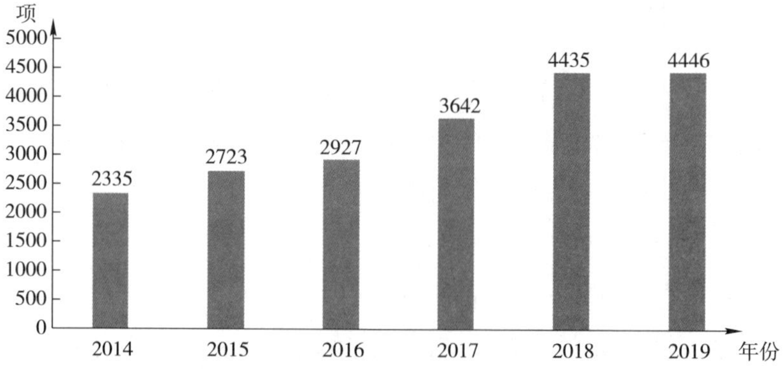

图8–2　2014—2019年公司专利授权项数量

数据来源：A建筑公司2015—2019年年度报告。

（二）企业发展绩效

在过去十多年的建筑业高速发展时期，建筑行业的利润率持续较低，大部分建筑企业的盈利能力不足，此现象与当前建筑行业生产方式较为落后且行业集中度低下导致产能过剩密切相关。A建筑公司通过产业结构的优化、发展质量的稳步提升、创新驱动的成效增强以及境外业务的持续发力，不断提升公司的绩效水平，2014—2019年的新签合同额的增长趋势如图8-3所示。

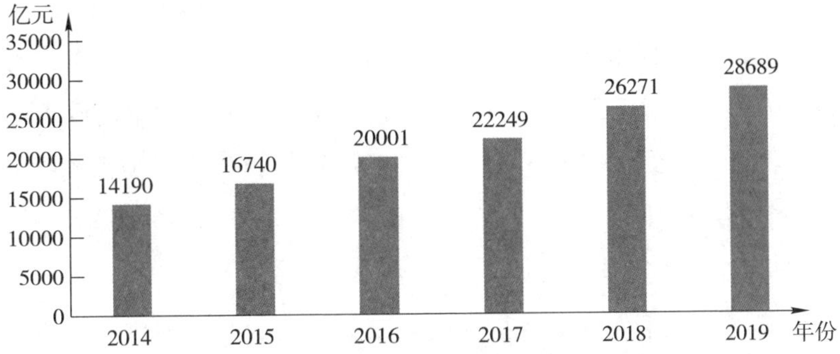

图8-3　2014—2019年A建筑公司新签合同额

数据来源：A建筑公司2015—2019年年度报告。

自2014年以来，该建筑公司的年度新签合同额不断增加，从此指标可以看出公司的绩效水平在不断上升。同时，近年来国家调整经济结构、固定资产投资下降，建筑行业高速发展的优势不再，建筑企业已不能依赖粗放式经营管理模式，应当向更经济高效、更能够提升企业经营绩效的方向努力。并且企业的经营发展依靠核心竞争力，拥有核心竞争力是企业提高经营绩效水平、持续健康发展的有力保障。

（三）企业未来发展方向

A建筑公司不断重视科技创新，在技术和工艺上秉持创新理念，从其历年的创新支出与投入资金额可见一斑。在市场环境不确定性日趋成为常态下，该公司致力于打破市场一成不变的状态，突破瓶颈，积极捕捉上升机会，寻求生产要素的重新组合，不断提升产品品质和服务质量，不断开拓新的业务领域，不断寻求机会突破创新。在履行使命、实现愿景的过程中将“品质保障、价值创造”的核心价值观，偕同“诚信、创新、超越、共赢”的企业精神，融入公司的规章制度与管理行为，成为支撑公司发展的软实力。

二、A建筑公司的技术协同创新外部动因分析

该建筑公司的技术协同创新外部动因与市场发展、政府政策支持以及平台的保障等条件分不开。作为国民经济的支柱产业，对政府政策的方向把控至关重要。建筑业是我国进入市场经济最早、改革开放后市场化程度较高的一个重要行业。

（一）面临的政策支持

1978年国务院下发《关于扩大国营工业企业经营管理自主权的若干规定》从多个方面下放建筑企业的自主经营权。1980年，把原规定的全额利润留成办法改为基数利润留成加增长利润留成的办法，使建筑企业获得了更多的留利，刺激了企业的生产积极性。1981年，建筑企业开始试行合同工、临时工制度。1981年12月13日通过的《中华人民共和国经济合同法》确立了中国的经济合同体制，将建筑企业的交易行为纳入法治化轨道。党的十九大指出，我国经济已由高速增长阶段转向高质量发展阶段，为建筑业的改革转型提供了路径指导。2017年2月，国务院办公厅印发《关于促进建筑业持续健康发展的意见》，提出“中国建造”的概念，引导建筑业按照“实用、经济、绿色、美观”的要求，进一步向高质量转型升级。这些指导政策对A建筑公司的影响很大。

（二）面临的市场发展

A建筑公司依靠创新不断开拓市场。在发展的过程中，重视创新对市

场的巨大吸引作用，面对错综复杂的市场环境和行业竞争持续加剧的严峻形势，积极践行创新发展理念，推动高质量发展，抓住市场机遇，巩固优势业务领域，加快科技创新驱动，企业发展保持稳健良好的态势，不仅业务规模在稳步提升，专业板块也持续发力。科技创新持续强化，公司依靠创新努力实现高质量发展。

（三）外部的平台搭建

该建筑公司立足国际前沿，创新行业标准，积极引领“装配式建筑+互联网+物联网”的科技创新和工程实践，打造系统内绿色建造、智慧建造、建筑工业化业务的投资平台、产业平台、技术平台等。近年来更是加大科技投入，已拥有多家高新技术企业，形成以自主创新为主导、产学研用相结合的创新发展机制，充分发挥了产学研发展模式的优势。

总体上，该建筑公司在发展的过程中，重视技术、工艺的创新，并致力于培养优秀的科技创新人员，充分利用各种有助于提升公司整体实力的发展模式、平台和理念，在省内建筑市场的发展中占据了非常重要的地位。

第三节 A建筑公司技术协同创新的运行机制分析

一、驱动力机制分析

建筑企业运行良好的关键就是保证内部运行机制有效运转。从驱动力机制来看主要由内动力驱动机制和外动力驱动机制两方面组成。

（一）内动力驱动机制

A建筑公司创新意识强，近年来研发投入规模逐年增加，在发展过程中重点突出创新，尤其是自主创新，引领区域建筑行业的发展。通过自主创新和集成创新，积极开展应用建筑技术的集成开发和超前技术研究，总公司继续发展和保持在建筑工程专业技术领域的领先优势，并对地方和区域建筑业发展起到了重要的引领和推动作用。公司不断加大科技成果与经营生产的紧密结合，加大科技研发力度，加快科技成果升华速度，不断提高技术服务能力，并且重点提高了资源支配能力，推动企业的发展。资源管理最重要的能力是支配资源的能力，控制资源优化的成本与方式，掌握先进科技创新技术和市场资源，主动引导科技资源的进入。

公司的激励策略较强。该公司采取的激励机制包括股权激励计划、员工持股计划以及其他相关激励计划，并开展了职业经理人试点措施，持续扩大了建立股权激励的范围与个人价值创造和能力相结合、共享企业的发展成果的薪酬激励机制，强化对人才的吸引、发展力度，更好地为企业的发展提供强有力的支撑。

在“十三五”期间，该公司加快建设开放协同的技术创新体系，进一步激发创新活力，加大关键技术的攻关，塑造强大的产业技术优势。在深化科技体制改革方面，完善科研管理、成果管理、研发人才激励等制度，赋予科研人员技术路线的决策权、扩大承担单位科研预算调剂权，加大对研发人才的奖励力度，以此调动科研人员的创新积极性。坚持以市场和业绩为导向，强化薪酬考核激励。将薪酬分配与企业效益、个人业绩挂钩，有效调动经营者与广大员工的积极性、主动性与创造性。同时，以价值创造为中心，坚持工效联动、强化对标管理，完善薪酬绩效管理，不断建立健全激励有效、约束有力的薪酬分配体系，促进企业活力、竞争力、创造力不断增强。

（二）外动力驱动机制

首先是市场推动因素。该公司在市场中的份额占比较大，市场的变化将引起内部驱动机制变化。公司是市场化经营最早的集团组织之一，目前早已由国内建筑市场开拓到海外市场，并取得不错的成绩。

其次是技术推动因素。该公司重视技术创新，其科技工作指导思想是

"科技支撑未来，创新引领未来"。在全面开展跟随创新与集成创新的同时，做好基础创新工作也是中国建筑业的重点。未来的技术创新应在绿色建造、绿色建筑、建筑工业化三大重点研发方向上取得突破，并通过管理创新与技术创新形成双轮驱动，强化企业的核心竞争力，为企业转型升级奠定重要基础。

二、资源供给机制分析

（一）信息资源

企业在不同阶段信息发展的程度也有所差异。网络技术、电子通信、科技发展日新月异，企业要通过创新不断发展自身的信息控制技术，加强建筑企业的信息化建设。

从行业情况来看，2019年国家建筑业发展规模增速放缓，行业集中度持续提升，对外承包工程市场缓慢复苏。国家推行积极的行业政策，扩大有效资本投入，加大战略性新型产业投资，加快建筑业的转型升级，全面提高建筑业的信息化水平，将移动互联网、物联网应用、人工智能、"大数据+云计算"作为技术创新应用的新焦点。通过发挥信息化技术的驱动力，推动"互联网"计划，以此拓展新领域的业务范围。依托建筑业的信息化、数字化技术，建造智慧城市，促进人与自然的和谐共生。

该建筑公司借助信息化技术和手段，通过标准化和信息化的"两化融合"，提高工作效率，实施"底线管理"，进而提升产品质量，降低运营成本。

（二）人才资源

该建筑公司创新人才资源供给渠道，通过与科研实力较强的科研机构合作，实行产学研为一体的合作模式，解决相关技术难题，促进科技成果向生产经营转化，开发稳定的人才供给渠道，为公司源源不断地培养创新人才。通过技术入股、绩效考核政策留住人才，建设结构优化、素质优良、布局合理的专业技术人才队伍。建立人才标准，形成培养专业精英和大国工匠的机制，激励人才科学发展，为公司高质量发展注入活力。

（三）服务资源

该公司形成的以企业为研发主体、“产、学、研”相结合的开放型科技创新实施平台有助于技术研发工作。与国内部分科研单位和专业公司开展了广泛合作并且加入了中国BIM发展联盟等国家技术行业联盟，充分利用平台的资源共享功能，提高公司的隐形资源供给量，为提高公司科技研发水平不断积累经验。

三、技术协同机制分析

（一）探索式协同

该建筑公司在科技创新的过程中，积极借助政府相关科技部门扶持政策以及科研经费，以申请项目课题的方式，联合科研机构共同实现技术创新，使其在建筑领域的重点研发项目中居于领先地位，扭转了以往由高校和科研院所主导国家重点研发项目的局面，以实际行动贯彻落实国家科技体制改革的首要任务，使中国建筑企业成为积极参与政府专项科研项目的科技创新主体。

（二）开发式协同

该公司根据转型升级战略要求，进一步强化科技创新工作的顶层设计，在巩固房建技术领域优势的同时，也向省外市场和基础设施业务倾斜，从超前研发、技术集成、成果转化三个层面统筹协调，优化资源配置。通过建立基础实验室，打造完善的技术研发体系，在实验室、研究院所的整体协调之下，资源共享，分工合作，开展不同层次的技术研发工作，建立了科技创新的主体研发平台。

四、沟通合作与激励约束机制分析

（一）沟通与合作机制

良好的沟通机制能够保障信息的充分传达，是管理者与被管理者之间的重要桥梁和渠道。尽管企业内部有多个不同的职能部门，但由于各个部门的最终利益趋向一致，部门之间相对独立的决策行为也有相对统一的情况。为了提高科技创新决策的科学合理性，A建筑公司董事会下设了战略委员会、人事与薪酬委员会、审计委员会三个专门委员会，认真组织研究和勤勉审议专业性议题，切实发挥专门委员会的决策支撑功能。战略委员会科学严谨、客观地审议公司投资管理规定，力求从根源上进一步夯实公司的投资决策质量，进一步促进其发展战略的落实，进一步提升内部投资决策流程的科学性和严谨性。并且在公司内部推出了董事会扩大会议模式，若是意见一致，会后形成专门的指导性意见；若是意见有分歧，则发挥董事会的战略性引领和核心治理的作用。主要目的是让决策者和执行者在良好、轻松的氛围中进行沟通，这种沟通机制能够对决策起到积极作用，有利于团结员工，增进凝聚力。

（二）激励与约束机制

良好的激励与约束机制是企业迸发创新活力的重要条件，该公司加快建设开放协同的技术创新体系，进一步激发创新增长动力，加大了关键技术的核心攻关，并赋予了科研人员技术路线的决策权，加大了对研发人才的奖励力度，调动了创新积极性。

另外，从约束机制来看，公司坚持以业绩为基础，贡献越大，酬劳越高，形成了将业绩考核制度作为基础，与岗位和业绩挂钩，激发人才创新动力和潜力的人本化激励机制，以及包括日常分配、股权激励、特别嘉奖和各种荣誉鼓励等综合激励与约束体系。

第四节　A建筑公司技术协同创新的绩效评价分析

作为主要依靠创新开拓市场的A建筑公司基本满足使用本书创建的技术协同创新评价指标体系要求，考虑到现有数据的可获得性和DEA模型与超效率DEA模型的适配性，根据A建筑公司的实际情况对评价指标做了一定的筛选。按照前面章节内容的分析将指标分为创新投入与创新产出，如图8-4所示。

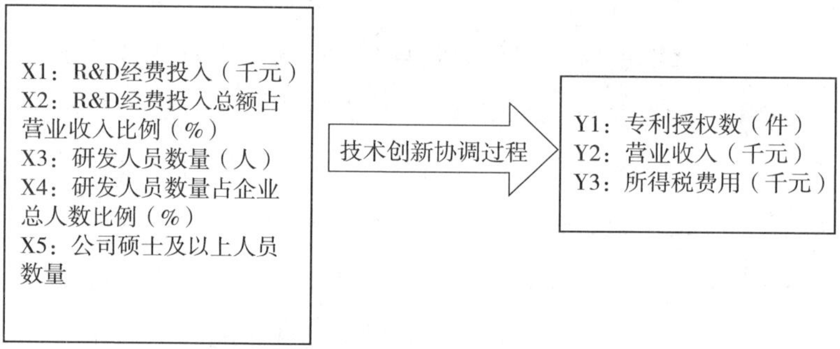

图8-4　A建筑公司技术创新投入—产出指标

根据以上设立的该公司技术创新投入与创新产出指标，对相关数据进行收集，整理得到2015—2019年的技术创新指标原始数据，如表8-1所示。

表8-1　A建筑公司技术创新指标原始数据

指标	2019	2018	2017	2016	2015
X1：R&D经费投入（千元）	21871783	15911139	12385172	10592471	8191526
X2：R&D经费投入总额占营业收入比例（%）	1.5	1.33	1.2	1.1	0.9
X3：研发人员数量（人）	15780	11543	11543	8516	8566
X4：研发人员数量占企业总人数比例（%）	4.7	3.81	4.3	3.3	3.5
X5：公司硕士及以上学历人员数量（人）	22772	18035	13442	12310	10415

续表

指标	2019	2018	2017	2016	2015
Y1：专利授权数（件）	4446	4435	3642	2927	2723
Y2：营业收入（千元）	1419836588	1199324525	1054106503	959765486	880577134
Y3：所得税费用（千元）	18262603	16438588	13750591	10940548	11753981

一、传统DEA模型与超效率DEA模型的综合应用

（一）运用C^2R模型的测算

为了更好地进行绩效评价，对技术创新指标的原始数据进行处理。在分析过程中，以年份为DMU决策单元，得到表8-2所示数据。

表8-2　A建筑公司2015—2019年技术创新投入产出数据

DMU指标	2019	2018	2017	2016	2015
X1	21871783	15911139	12385172	10592471	8191526
X2	1.5	1.33	1.2	1.1	0.9
X3	15780	11543	11543	8516	8566
X4	4.7	3.81	4.3	3.3	3.5
X5	22772	18035	13442	12310	10415
Y1	4446	4435	3642	2927	2723
Y2	1419836588	1199324525	1054106503	959765486	880577134
Y3	18262603	16438588	13750591	10940548	11753981

基于传统的DEA模型，运用Matlab R2017b软件，计算得到2015—2019年该公司技术创新的相对效率结果值，如表8-3所示。

表8-3　基于传统DEA模型的测算结果

决策单元	2019	2018	2017	2016	2015
相对效率	1.0000	1.0000	1.0000	1.0000	1.0000
名次	1	1	1	1	1
DEA有效性	DEA有效	DEA有效	DEA有效	DEA有效	DEA有效

（二）运用超效率DEA模型的测算

由于利用传统DEA模型测算的相对效率值的结果都是1，为了进一步区分有效决策单元，需要用扩展的DEA模型，即超效率DEA模型对指标数据进行测算。基于超效率DEA模型，运用Matlab R2017b软件的测算，最终得到表8-4所示的数据测算结果。

表8-4　基于超效率DEA模型的测算结果

决策单元	2019	2018	2017	2016	2015
相对效率	1.03	1.26	1.04	1.09	1.29
名次	5	2	4	3	1
DEA有效性	DEA有效	DEA有效	DEA有效	DEA有效	DEA有效

从基于超效率DEA模型的测算结果可以看出，该公司各年份的技术创新相对效率和排名情况，具体数据如表8-5所示。

表8-5　A建筑公司2015—2019年技术创新投入产出效率结果

产出效率结果	2019	2018	2017	2016	2015
S^{*-}_1	5.1882	0.6345	1.7192	0.0724	0
S^{*-}_2	0	0	0	0	0
S^{*-}_3	0.0025	0	0.0008	0	0.0012
S^{*-}_4	0	0	0	0	0
S^{*-}_5	0.0033	0.0017	0	0	0.002
S^{*+}_1	0	0	0	0	0
S^{*+}_2	0	2.3241	0.9999	0	0.2047
S^{*+}_3	0.0106	0.0111	0.0170	0.0210	0

由以上计算结果可以看出，传统的DEA模型由于其自身的特点，计算得到的有效单元较多，且其效率评价值皆为1。但是要对这些有效的被评价对象进一步比较或排序，采用传统DEA模型不能实现。利用超效率DEA模型对有效决策单元进行进一步分析比较和排序，可得出该公司每年各

典型技术创新效率的相对比较结果。结果表明，2015—2019年公司在技术创新投入与产出相对效率值测算结果中DEA都是有效的，说明这5年投入和产出呈现规模适当和技术管理水平高的状态。再根据超效率DEA模型的测算结果，2015年的相对效率值排名最高，2019年的相对效率值排名最低，但相差并不是很大，这说明公司需要在未来的创新投入中做出更好的决策，提高企业的创新效率。

二、测算结果的启示

由技术创新绩效最终测算可知，企业目前在创新上的投入和产出之间存在危机与机遇，需要强化管理，从中找到可提升点。DEA模型测算相对效率值的方法也是在衡量资源投入与成果产出之间的协调性问题。从测量结果可以看出，企业是否存在资源投入浪费与成果产出不足问题。就该建筑公司2015—2019年的测算结果来看，都属于DEA有效的范围，但进一步分析发现2019年的创新效率低于2015年，存在一定差异，这种差异受多种因素协调影响。为保证创新绩效的提升，该公司管理者应当确立协同的思想理念，对创新过程中对各种不协调因素进行及时调整。

在操作层面需要避免创新投入与成果产出之间的不协调，做到不浪费资源与适当加强产出的平衡。另外，公司在短期战术任务目标与长期战略方向上做好协调，并协调好企业内部各部门与各要素之间的关系，以及企业内部与外部之间的交流合作，坚持协同与创新同进退的理念，在建筑行业的可持续发展中发挥带头作用。

（1）协调创新投入与成果产出。企业在创新的过程中，注意投入与产出之间的效率问题。科技投入量要与应该产出的成果数量相协调，科技投入量过大势必出现成本过高的问题。科技创新周期长、投入多不代表成果多。企业在发展的过程中要合理配置资源，注重投入与产出之间的效率，避免资源浪费。

（2）短期战术任务与长期发展战略之间的协调。公司在经营过程中会制定不同的短期和长期战术战略以及需要达到的任务目标，短期的效益能够为企业未来的健康发展做出最大的贡献。由于拥有一定的资金、创新资源，尤其在开拓前沿科技的研发生产等方面具有极大的优势。但同时，也同样面临着如管理组织冗杂、企业组织层级过多、利益冲突加大等问题。在管理协调过程中，公司的管理层将目光放得更长远，倾向于将资源投入更有发展前途的科研项目。而基层工作人员更注重目前企业的短期战略任务，更热衷于研究周期短、投入生产使用速度更快的项目，且平时的考核体系也倾向于短期任务。

（3）该公司关注内外部之间关系的协调。公司是一个整体，取得的成功离不开各个层级之间的共同努力和外界各种力量的支持。在公司的内部关系中，关注管理层决策与基层工作者的实际操作的可行性，要处理好部门之间工作的执行情况，尤其是研发、生产、销售这三个部门，做到协调配合。

另外，公司的外部关系协调关注的是与高校、科研机构等取得良好的配合发展渠道。作为商业性质的社会主体，很大程度上公司的科研力量需要高校以及科研机构的协助配合，以提升其创新绩效水平。同时，加强与竞争对手的合作，强强联手，创造共赢的局面，提升创新绩效水平。

第五节　A建筑公司技术协同创新机制的企业价值分析

技术协同创新的机制运转效果很大程度上决定着企业的发展状况，良好的机制之间互相协调、互相作用，能提高建筑企业的运行效果。从决策阶段开始，该公司最高管理层的决策为未来的发展战略和发展理念指明了方向，在公司的经营活动中起到了重要的导向作用。在计划执行过程中，必然会涉及沟通与信任的问题，良好的沟通和信任应贯穿公司协调管理的全过程，是决策执行效果良好的有力保障。

一、短期财务绩效价值影响

（一）驱动力机制

公司高度重视创新意识，重点发展具备潜力的子企业，培育孵化战略性新兴产业，制定创新政策和创新激励机制措施，完善创新支持体系。发展公司的内部优势主业，通过自主创新研发，布局驱动和引领建筑行业变革的数字化、智慧化等新技术、新工艺和新模式，取得了良好成绩。

（二）资源供给机制

公司作为行业骨干企业，以完全从事竞争性的建筑业和地产业为核心而发展壮大，自身的资源供给协调机制能力很强。公司聘请行业知名专家作为高端团队顾问，聘任国内外一流科研机构的专家学者作为兼职教授，目的在于充分利用高校、科研机构的科研优势资源、良好的资源供给机制对技术创新工作以及大型项目顺利开展、实施与建设起到极大的保障作用。

（三）技术协同机制

该公司采用委托开发模式与共建基础研发实体模式。通过积极争取创新项目，与国内外专业的科研单位、各类高校在资源共享、分工合作中，牵头承担各级研发计划项目，形成以自主创新为主导、产学研用相结合的创新发展体制，构建了完善的技术研发体系。

（四）沟通合作与激励约束机制

为更好地与科技创新工作者对话，提高科技创新管理决策的科学合理性，公司通过下设战略委员会、人事与薪酬委员会、审计委员会三个专门委员会，在公司内部推出董事会扩大会议，使沟通在轻松的氛围进行，完善了沟通合作机制体系。通过推行股权激励等方式鼓励员工进行科技创新活动，调动公司内部创新的积极性和热情。

二、长期市场潜力价值影响

（一）驱动机制

驱动机制影响该公司的长期市场潜力，主要受员工自我创新意识和技术等外部创新成果的影响。自我创新意识在于以公司内部的自我创新推动力量影响其市场中的长期创新成果和创新地位。针对创新工作提出的一系列激励措施，提高技术创新工作者和管理者的创新意识，通过创新推动企业发展，为企业的市场巩固和拓展做好支持工作。

（二）资源供给机制

资源供给机制对A建筑公司长期市场潜力价值影响主要体现在资源的供给与调配能力。对于不占用国家资源并从事完全竞争性活动的建筑行业的公司来说，承担的工程项目规模庞大，应充分利用国家政策的扶持和财务杠杆等尽可能多地整合资源，利用自身强大的资源配置能力，使其在建筑行业长期居于领先地位。

（三）技术协同机制

技术协同机制对该公司的长期市场潜力价值影响主要体现在所采用的技术协同模式。通过聘任创新人才，牵头各级重点科技研发项目，使公司成为创新项目领头的主体，改变了传统以高校、科研机构为主的创新研发模式。这种模式为A公司的创新增添了助力，在建筑市场中提高了企业的创新竞争优势。

（四）沟通合作与激励约束机制

沟通合作与激励约束机制对公司的长期市场潜力价值影响主要体现在

通过建立与完善沟通合作、激励约束机制，加强内部的沟通合作能力，提高员工创新工作积极性，对不当的创新行为及时进行纠正，为公司在市场中的内部团结提供行为准则。公司内部的合作协同度将影响与其他科研机构等平台的协同合作程度。

三、内部管理制度价值影响

从对内部管理制度的价值影响来看，驱动机制、资源供给机制、技术协同机制、沟通合作与激励约束机制都属于组织内部的管理制度，是完善公司内部管理制度的必要措施。

驱动机制影响公司内部管理制度，是对公司内部创新驱动发展战略的补充。公司对创新高度重视，不仅研发投入逐年增加，在绿色建筑、BIM技术、施工机器人以及新材料等前沿领域研发应用的比例也不断增加。因此全面深化体制改革，突破机制瓶颈，激发科技创新活力，是实施创新驱动战略的当务之急。

资源供给机制影响公司内部管理制度，是对公司内部资源整合措施的补充。公司注重资源整合，总部带头协调各方，加强与金融机构、上下游企业以及跨公司的合作，力图共筑产业链、供应链、服务链、价值链，共同整合资源，共同运作大型复杂项目，确保项目顺利实施。建立完善的资源供给机制是促进公司资源整合的重要举措。

技术协同机制影响公司内部管理制度，是协调工作的制度补充。公司注重通过与科研机构等组织进行技术创新交流与合作，共同开展技术研发，是对公司的协调管理能力与协同合作能力的考验，为强化内部资源整合与业务协同提供了制度保证。

沟通合作与激励约束机制影响公司内部管理制度，是对公司内部合作能力、沟通能力、员工行为约束以及工作积极性的制度补充。

四、外部企业形象价值影响

驱动机制对公司的外部企业形象价值影响，主要体现在积极吸取先进技术的创新经验和树立发展创新驱动的企业战略形象。公司依靠创新的企业文化不断驱动公司发展，将“创新”作为企业的文化支撑，有利于增强文化软实力，同时响应国家的“创新驱动发展战略”号召，真正做到由劳动密集型向创新型企业的转型。

资源供给机制对公司的外部市场形象价值影响。强大的资源供给机制为A公司调动可支配资源提供了保障。通过对承接项目进度的把控，合理分配各阶段所需人工、材料、机械设备等物质资源以及资金、进度、质量计划和要求，保证项目从前期决策到后期竣工验收全生命周期的施工规划得以顺利实施。通过充分发挥所处政策环境以及市场环境下的财务杠杆作用、资源供给机制的稳定性，在项目的实施以及公司的运营中起到了平稳发展的作用，展现公司良好的社会形象，有助于进一步吸引投资，扩大规模。

技术协同机制对公司的外部市场形象价值影响。通过与科研机构的沟通协作，承担科研项目，在与各相关机构及平台之间的协作过程中，塑造了协作能力强的企业形象，有助于继续开展与各方机构或平台之间的合作。

沟通合作与激励约束机制对公司的外部企业形象价值影响。沟通合作机制对公司促进员工内部间的合作、上级与下级间的沟通以及各部门间的交流配合起到了重要作用。约束与激励机制提升了员工行为的规范性，为公司正常良好的运行提供了制度保证。总的来说，沟通合作与激励约束机制是提高工作效率与能力的重要制度保障，有利于塑造信息传递高效、应对风险能力强的企业形象。

建立合理的沟通合作与激励约束机制是激发建筑企业内生动力的重要

举措，对激发员工积极性、建立正常的秩序至关重要，公司在管理上将领导制度与民主集中制相结合，设立了董事长常务会议，在董事长职权范围就公司的相关重大事项以会议的形式组织相关成员进行研究决策和推进工作。在决策的过程中，董事会依照相关法律法规以及有关主管机构的规范要求制定科学有效的决策。这种举措既是对沟通合作机制的创新，也在一定程度上激励了创新工作者的创新积极性。

第九章　建筑企业技术协同创新的实现

第一节　基于建筑企业外部环境的技术协同创新的实现

外部因素变化成为影响协同创新的关键变量。对建筑企业来说，分析外部影响因素对建筑企业技术协同创新发展的影响是必要的。

一、基于外部市场环境的实现

市场环境状况是影响建筑企业技术协同创新的直接因素。当新的创新技术进入市场并被市场接受与推广时，建筑企业将迫于市场发展的要求快速适应新技术的出现，培养创新型技术人才稳固市场地位。由此可见，市场环境变化直接影响建筑企业技术协同创新状况。

第一，关注市场信息变化。分析引起市场变化的主要信息，实时建立市场与企业内部信息反应机制，将创造市场价值的因素与建筑企业内部要素协同管理。将技术和市场协同创新建立在组织结构重构和战略引导基础上，通过各种联系形成技术创新和市场创新之间的互动发展，其目的在于取得长期发展、短期竞争以及技术发展与市场发展之间的平衡，从而取得创新的市场效应。市场变化作为建筑企业外部环境序参量之一，与企业内部要素有密切联系且联动变化。

第二，建立技术与市场协同反应机制。企业各部门间市场信息的流通使企业能够及时了解市场变化，升级技术使用要求，避免被市场淘汰。及时沟通，了解市场变化产生的原因、运作机理，组织团队领导、技术创新人员和市场销售的沟通。技术创新人员通过与市场部门营销人员的沟通，了解市场运作机理，在设计创新产品时，要考虑产品受众对研发的新产品接受度及产品适应市场的能力。技术创新人员通过与企业管理层的对话，了解企业未来一段时间的战略发展部署，对技术升级有更明确的定位，减少后期沟通障碍，实现技术与市场的协同发展。

第三，强强联合，优化市场资源配置。市场中的风险与机遇并存，若要在市场中创造更多的价值，则需要更大规模的资源参与调配。大型建筑企业拥有比中小型企业更为完备的软硬件资源条件，有较强的创新研发优势与合作能力，拥有的市场资源份额大。与不同领域企业合作，在处于相同利益立场时协同配合，优势互补，资源共享。将某项具有一定研发难度但需将分工阶段细化的技术分解到市场不同领域优势的企业中，并相互配合，形成技术产品化和产品市场化，交叉授权，共同创造市场价值，将目标利益最大化，从而实现个体利益最大化目标。

二、基于政策引导的实现

政府政策作为建筑企业发展方向的风向标，对建筑企业技术协同创新推进起到积极作用，目前学者对政策与技术创新的协同关系之间的研究多以“部门协同、目标协同、措施协同”三维的关系作为研究对象，后又对区域政策协同对建筑企业协同的影响进行研究，发现政策协同度越高，建筑企业的技术协同创新效果越好。

第一，提高主体横向协同度。横向协同是指以政策为中心，各部门协同工作。由于单一的主体难以完全实现政策的预计执行效果，且政策落实是各部门协调配合的结果，落实工作涉及多部门共同合作，但同时多元主体易产生责任不明晰、分工不明确的问题，不利于政策工作的落实。因此在发布相关政策时，要对参与工作的主体划分明确的工作范围并进行明确的分工，政府部门之间责任越清晰，越有利于提高政策落实的效率。

第二，提高主体纵向协同度。纵向协同是指以单一的政府部门为中心，经过层级传达到各级政府部门后，具体的政策任务需层层分解、落实，保障政策的预期实现。

第三，提高区域政府间协同度。区域间政府协同度是指各地区的政府部门在同一方向发布的相关政策配合程度，不同建筑企业跨区域合作时需要考虑不同区域政府的相关政策。区域间政策的协调是影响建筑企业技术协同创新绩效的主要因素，区域政府部门协同政策有助于协调建筑企业技术协同创新的各关键要素，鼓励企业进行跨区域、多方位创新活动。

政府政策对鼓励建筑企业技术协同创新影响重大，政策的协同性与建筑企业开展技术创新活动密切相关。因此，政府制定政策时，应优先考虑是否有利于建筑企业间无壁垒式协同创新活动的开展。加快建立和完善综合政策协同，促进区域间政策及信息资源共享，避免横向主体协同度不足，纵向主体分工不明确，造成资源碎片化，不利于协同发展。

三、基于外部技术创新发展现状的实现

技术创新状况是影响建筑企业创新积极性与绩效的又一重要因素。大型建筑企业资源调配能力强，在能力范围涉及的技术协同创新研发活动领域较广，能成功地将研发成果市场化，成为市场的标准，激发市场中其他建筑企业的技术创新活力，让建筑行业处于全员创新的理想状态。

第一，发挥大中型建筑企业技术创新带头作用。大中型建筑企业在市场资源的占比大，对资源的调配能力强，应对市场风险的能力高，对行业创新标准起着领导作用。发挥大中型建筑企业的技术创新核心领导作用，

对行业的创新标准提升有重要意义。

第二，积极引进先进技术与设备平台。学习先进技术，冲击原技术标准水平线，融合新技术，打破传统事实标准。引进已有创新技术，将新技术推广至全行业，引领建筑企业的技术革命。购买先进的设备，将设备资源投入新的技术研发活动，推动建筑企业的技术创新进程。

第三，构建技术协同创新保障平台。协同是整个系统各部分要素互相配合、综合作用的结果。构建知识信息共享系统、建筑信息集成系统平台，使信息网络集成化发展。构建各阶段信息数据库，打造知识信息平台数据库，打破知识流通壁垒。利用多渠道确保创新信息来源，保证研发人员拥有足够的信息创新资源，实现信息资源优化配置目的。

第二节　基于建筑企业内部环境的技术协同创新的实现

系统内部各要素参与的有序度直接影响系统整体的协同效果。建筑企业的自我协调能力与创新绩效密切相关。只有建筑企业内部要素各司其职，充分发挥自我价值，互相配合，才能实现高度协同合作，实现“1+1>2”的整体效果。

一、基于内部创新人才管理机制的实现

建筑企业技术创新活动的开展主体是创新型人才，建立技术创新体系是开展创新活动的核心，也是建筑企业提高竞争力的源泉。要实现技术创新能力和创新成果市场化能力的提高需要内部管理机制的配合。

第一，深化人才激励和约束机制。创新体系有效性检验可根据建筑企业技术创新成果进行衡量，成功的创新成果需具有应用性与潜在商业价

值。但研发需要投入大量的成本，更需要研发人员潜心研究，研发周期长。建筑企业应重视创新体系内人才管理机制，提高创新人员的创新积极性，给有能力的研究人员提供丰厚的奖励，提高员工创新热情，对创新研发活动敷衍了事、传播负能量的员工应适当约束，保证创新整体氛围积极向上、充满活力与创造力。

第二，深化研发成果保护机制。研发成果的保护力度直接影响研发人员的直观感受。近年来，知识版权保护、专利授权越来越被重视，政府将知识产权的战略部署定位于支撑创新驱动发展，建设知识产权强国。知识经济时代，政府将知识产权政策发展为干预市场经济发展的一大重要手段，提升了研发人员的创新热情，促进创新成果转化。

第三，创新人才培养模式。传统的人才培养方式多以高校培养为主，但与企业相比，高校的市场资源不足。实行“产学研”模式，高校科研机构可与企业联合培养高素质人才与技术创新人才，将高校深厚的知识底蕴与企业市场资源相结合，促进理论向技术创新实践转化，提高员工的整体知识理论水平与技术实践水平，为人才的培养提供更好的市场资源，为企业提供充足的人才储备，在一定程度上体现了机制主导创新的模式作用。

建筑企业通过深化人才激励和约束机制、研发创新成果保护机制、创新人才培养模式，将技术人才创新成果与实际薪资待遇绩效考核相匹配，实施奖惩制度，建立和完善人才培养模式，提升技术协同创新的内部驱动力。通过深化绩效考核体制改革，不断增强创新活力，保持创新热情。

二、基于内部绩效管理机制的实现

创新建筑企业内部工作绩效考核体制，构建绩效考核指标，制定兼顾长期与短期发展的目标。绩效管理与考核相互作用、同为一体，在创新绩效管理机制过程中应协调二者的平衡。

绩效是建筑企业技术协同创新发展的最终目的，在管理体系的创新过程中处于重要地位。建筑企业的绩效成果以内部各子部门间的绩效成果为基础，产品技术研发部门的绩效成果直接表现为技术创新研发成果的数量与质量，产品生产部门的绩效成果直接表现为按标准、达标、达质进行生产的市场产品，产品市场营销部门的绩效成果直接表现为产品在建筑行业、建筑市场中所占份额。建筑企业各子部门间的绩效成果构成市场绩效。建筑行业在部门协同工作的过程中应将各部门的绩效管理机制统一衡量，针对建筑企业各部门的特点及不同分工建立健全公平合理的绩效管理体制。

通过完善内部绩效管理机制，加速产品技术创新研发部门、产品生产部门、产品营销部门之间的沟通与合作，提升技术协同创新水平，提高建筑企业绩效，增加创新成果专利数量，使建筑企业内部协同创新管理手段发挥最大的应用价值，引导系统内部各要素分工合作，协同沟通，提升建筑企业整体市场绩效。

三、基于内部企业文化理念的实现

建筑企业的发展方向是创新，驱动建筑企业内部发展策略，奠定了创新在企业中的地位，决定了企业的技术工作路线。根据建筑企业经营现状与市场变化情况，结合创新发展现状，从内部发展方向到内部价值理念的变化体现技术协同创新在建筑企业内部的重要性。价值理念是企业发展的精神支柱，将技术协同创新理念作为企业的重要战略支撑符合知识经济时代发展的必然趋势。构建协同文化相容机制和各部门理解与合作的沟通机制，以促进创新主体间的知识流通和扩散，深化协同主体文化相融性和沟通合作程度。

企业在市场经营过程中，协同创新理念发展有助于创新技术研发，推动企业形成专业的研发团队。结合政府推广的校企协同创新合作模式，将企业与高校之间协同融合为企业的文化理念，由企业参与高校人才培养计划的制订可以有效地避免理论脱离实际的问题，更好地培养优秀人才，做好人才储备。

四、基于内部经营管理体制的实现

建筑企业经营管理模式是市场盈利和公司运营的核心，不同类别、不同特点的建筑企业经营管理模式有所不同，建立健全完善的经营管理体制是建筑企业长期发展的必然要求。将建筑企业内部经营管理体制融入“协同创新”理念，贯穿整个企业运营过程有助于实现建筑企业技术协同创新。

第一，责任承担机制。构建责任协同承担机制是保障企业各部门责任承担公平性的有效机制。责任分配到各部门是促使各部门形成责任共同体意识的有效途径。通过协同各主体责任分担，增加建筑企业各部门的联系与沟通，增强团队凝聚力，进而优化建筑企业内部经营管理体制。责任协同体现在技术工作过程中，为高效率完成所分配的任务，各子部门互相协调、沟通，了解各自合作部门的任务完成状况、质量状况，根据实际进度，调整工作进度，达成任务标准。构建责任协同分配机制有助于建筑企业经营管理体制的优化，促进不同责任主体沟通与协调。责任分配应在协同沟通到位的基础上划分，明确各自承担的责任是各部门高效工作的前提。

第二，风险分担机制。构建合理的风险分担机制是提升各部门风险可控能力的有效方法。从不同主体的角度合理地划分风险范围是提高风险承受能力的有效举措。协同管理过程中，建筑企业应在不同的发展阶段制定不同的风险应对策略及分担机制。通过了解其他协作部门的风险承担范围，采取合理的管控措施，达到总体风险可控、风险合理分担的效果。

第三，统筹协调机制。各部门不同专业领域的技术工作人员，为完成相同任务，进行分工协作，最大化发挥自身优势，对企业内部资源进行统一调配，为项目目标服务。加强部门沟通合作，对专业能力、企业资源进行优化分配，为跨部门的统筹协调机制组织协作分工，使内部效益最大化，有利于建筑企业内部走向协同创新。

第四，组织管理模式。实现技术协同创新绩效的最优必要条件是建立和完善相应的组织管理模式，合理的协同组织管理模式使员工始终保持创新的热情、创新的积极性和主动性。组织管理的重点不仅是员工与工作部门间协同的要求，也是组织协同知识共享、提高建筑企业研发水平的要求，建筑企业应构建学习型内部知识共享机制，提高整体的协同创新效益。

目前，政府在全国范围大力推广协同创新，推进“产学研”与“产学研用”相结合的应用模式。通过企业与高校、科研机构之间的优势资源互补，将企业的市场化资源与高校的科研力量相结合，有利于促进建筑企业和高校及科研机构之间的协同合作与技术转移。构建以建筑企业、高校、科研机构为主的研发创新基地，整合高校、科研机构与建筑企业的创新资源优势。

参考文献

[1] ANSOFF H. Corporate strategy[M]. Revised. New York：McGraw Hill Book Company，1987：35-83.

[2] HAKEN H. Synergetics：introduction and advanced topics[M]. Berlin：Springer，2004.

[3] MICHAEL E Porter. Competitive advantage：creating and sustaining superior performance[M]. New York：The Free Press，1998.

[4] 安德鲁·坎贝尔，凯瑟琳·萨姆斯·卢克斯 . 战略协同（第二版）[M]. 任通海，等，译.北京：机械工业出版社，2000：97-103.

[5] BUZZELL，ROBERT D & GALE，BRADLEY T. The PIMS Principle：Linking Strategy to Performance[M]. The Free Press，1987.

[6] J. 弗雷德·威斯通，S. 郑光.接管、重组与公司治理（第一版）[M]. 李秉祥，周鹏，等，译.辽宁：东北财经大学出版社，2000：95-100.

[7] J. 弗雷德·威斯通，S. 郑光.兼并、重组与公司控制[M]. 唐旭，等，译.北京：经济科学出版社，1998.

[8] 赛罗沃.协同效应的陷阱[M]. 杨炯，译.上海：上海远东出版社，2000.

[9] 中国建筑工程总公司.科技强企　提高中建核心竞争力[J].建设科技，2006（13）：18-21.

[10] ROBERT M. GRAN. The resource-based theory of competitive advantage：implications for strategy formulation[J]. California management review，1991，33（3）：114-135.

[11] COLLIS D.Montgomery competing on resource strategy[M]. Harvard Business Review, 1995.

[12] G HAMEL, A HEENE. Competence based competition[J]. John Wiley & Sons, 1994.

[13] TATUM C B. Process of innovation in construction firm[J]. Journal of construction engineering and management, 1987, 113 (4): 648–663.

[14] KANGARI R. YASUYOSHI M. Developing and managing innovative construction technologies in Japan[J]. Journal of construction engineering and management, 1997, 123 (1): 72–78.

[15] BERNSTEIN H M, KISSINGER J P, KIRKSEY W. Moving innovation into practice[C]. Proceedings of the first international civil engineering conference, 1998: 250–259.

[16] SLAUGHTEr E S. Implementation of construction innovations[J]. Building research & information, 2000, 28 (1): 2–17.

[17] ABD EL HALIM A E H O. Process and case illustration of construction innovation[J]. Journal of construction engineering and management, 2004, 130 (4): 570–575.

[18] BERKOUT A J. HARTMANN D. Innovating the innovation process[J]. Technology management, 2006, 34 (3): 390–404.

[19] OZORHON B. Analysis of construction innovation process at project level[J]. Journal of management in engineering, 2013, 12 (2): 12–16.

[20] NAM C. TATUM C. Noncontractual methods of integration on construction projects[J]. Journal of construction engineering and management, 1992, 2 (118): 385–398.

[21] NAM C H, TATUM. Leaders and champions for construction innovation[J]. Construction management and economics, 1997, 15 (3): 259–270.

［22］OZORHON B，Abbott C，Aouad G. Integration and leadership as enablers of innovation in construction：case study[J]. Journal of management in engineering，2014，30（2）：256-263.

［23］RUTTEN M E J. DOREE A G HALMAN J I M. Innovation and interorganizational cooperation：a synthesis of literature[J]. Construction innovation，2009，9（3）：285-297.

［24］SEADEN G，ANDRE M. Public policy and construction innovation[J]. Building research & information，2001，29（3）：182-196.

［25］NAM C H，TATUM. Leaders and Champions for Construction Innovation[J].Construction management and economics，1997，15（3）：259-270.

［26］CHAN A PC，CHAN D W M，CHIANG Y H，et al. Exploring critical success factors for partnering in construction projects[I]. Journal of construction engineering and management，2004，130（2）：188- 198.

［27］KEAST R. HAMPSON K. Building constructive innovation networks：role of relationship management[J]. Journal of construction engineering and management，2007，133（5）：364-373.

［28］黄茂林. 建筑企业协同效益分析[D]. 长沙：中南大学，2012.

［29］李慧，张静晓，彭夏清，邓权学. 技术创新与绿色发展协同驱动 陕西建筑业“追赶超越”的政策路径[J]. 现代企业，2019（2）：46-47.

［30］仲为国，彭纪生，孙文祥. 政策测量、政策协同与技术绩效：基于中国创新政策的实证研究（1978-2006）[J]. 科学学与科学技术管理，2009，30（3）：54-60+95.

［31］许斌丰. 技术创新链视角下长三角三省一市区域创新系统协同研究[D]. 合肥：中国科学技术大学，2018.

［32］李瑞彤. 基于技术创新视角下的建筑企业竞争力研究[D]. 锦州：辽宁工业大学，2019.

[33] 曹琛.浅析房屋施工建筑施工技术的创新[J].智能城市，2018，4（12）：109–110.

[34] 许世杰.土木工程建筑施工技术及创新研究[J].绿色环保建材，2019（1）：144+146.

[35] 韩翼.工作绩效与工作满意度、组织承诺和目标定向的关系[J].心理学报，2008（1）：84–91.

[36] 张艺，许治，朱桂龙.协同创新的内涵、层次与框架[J].科技进步与对策，2018，35（18）：20–28.

[37] 王玉梅，林少钦，曹霞，孙玉洁.基于HMM模型的传统企业转型升级与技术创新协同因子分析及路径研究[J].南大商学评论，2019（1）：126–145.

[38] 王会春.工程项目技术创新多主体协同关系研究[J].建材与装饰，2018（24）：290–291.

[39] 舒辉，王媛.市场推进技术创新、专利、标准协同转化路径分析[J].科技进步与对策，2018，35（12）：57–63.

[40] 陈楠.济南栋源水泥制品有限公司技术创新战略研究[D].济南：山东大学，2019.

[41] 毕立南，薛晓芳.建筑供应链信息协同机制构建：基于供应链脆弱性的分析[J].财会月刊，2018（3）：172–176.

[42] 张瑞雪.工程项目技术创新多主体协同关系研究[D].哈尔滨：哈尔滨工业大学，2016.

[43] 俞启元，吕玉惠.基于价值网的建筑施工企业供应链协同模型研究[J].建筑经济，2012（2）：88–91.

[44] 叶玲，叶贵，付媛.基于BP–VIKOR的建筑企业技术创新评价模型[J].建筑经济，2018，39（9）：116–120.

[45] 陈帆，谢洪涛.建筑技术创新风险的贝叶斯网络模型分析：以绿色建

筑技术创新项目为例[J].计算机工程与应用，2014，50（18）：33-38+49.

[46] 俞启元，吕玉惠，张尚.建筑施工企业供应链协同信息管理系统研究[J].建筑经济，2012（9）：84-87.

[47] 孙喜民，罗西.大型建筑施工企业多元产业协同机理研究[J].西安建筑科技大学学报（自然科学版），2014，46（6）：910-915.

[48] 邵云飞，庞博，方佳明.IT能力视角下企业内部多要素协同与创新绩效研究[J].管理评论，2018，30（6）：70-80.

[49] 邹国庆，尹雪婷.商业模式设计与技术创新战略对企业绩效的协同效应[J].吉林大学社会科学学报，2019，59（4）：30-38+219.

[50] 胡宝贵，庞洁.企业技术创新效率与协同主体相关关系：基于农业产业化龙头企业的实证分析[J].经济问题，2016（2）：74-79.

[51] 李佩佳.农业产业化龙头企业技术创新对策研究[D].武汉：武汉轻工大学，2017.

[52] 鲁丽军.大数据分析能力、协同创新能力与协同创新绩效关系研究[D].镇江：江苏科技大学，2018.

[53] 丁洪斌.建筑施工企业项目协同管理成熟度及其绩效评价[J].管理现代化，2009（5）：33-35.

[54] 邱建华.企业技术协同创新的运行机制及绩效研究[D].长沙：中南大学，2013.

[55] 邱建华，贺灵.基于超效率DEA模型的企业技术创新效率研究[J].湘潭大学学报（哲学社会科学版），2013，37（1）：66-71.

[56] 黄金.建筑业企业技术创新能力评价指标体系研究[D].南京：东南大学，2005.

[57] 杨力强，陈军.浅析我国建筑企业技术创新[J].湖北社会科学，2008（6）：70-72.

[58] 吴艳萍.建筑企业技术创新项目绩效评价研究[D].济南：山东大学，

2010.

［59］杨晓东．中国建筑企业技术创新对策探析[J].中国高新技术企业，2008（17）：18+20.

［60］十家建筑企业跻身中国企业五百强[J].建筑，2002（10）：58.

［61］罗明．建筑业人工成本发展现状及影响因素研究[D].重庆：重庆大学，2014.

［62］马骥．河南省促进协同创新政策问题研究[D].郑州：郑州大学，2013.

［63］万科．基于国家战略的区域产能质量、产业链、技术创新协同研究[D].南昌：南昌大学，2018.

［64］张军荣．基于协同创新网络的我国装配式建筑发展探究[J].价值工程，2017，36（31）：69–70.

［65］司林波．装备制造业技术协同创新运行机制构建[J].科技进步与对策，2017，34（2）：72–79.

［66］周培栋，连漪，田巧莉．西方技术创新理论发展综述[J].商场现代化，2007，（6）：228–229.

［67］魏权龄，崔宇刚．评价相对有效性的几个重要DEA模型：数据包络分析（二）[J].系统工程理论与实践，1989（2）：55–68.

［68］隽志才，金俊武，王景星．DEA方法与运输企业技术规模的有效性[J].公路交通科技，1994（4）：44–50.

［69］IANSITI M，WEST J. Technology integration：turning great research into great products[C]. Harvard business review on managing high–tech industries, 1997.

［70］MARGARET J. Wheatley. Leading for Innovation：And Organizing for Results[M]. Jossey Bass，2001.

［71］陈光．企业内部协同创新研究[D].成都：西南交通大学，2005.

［72］CORNFIELD D B. Workers，Managers，and Technological Change[M]. Springer US，1987.

［73］邵慰. 企业实施知识管理获得后发优势的实现机制研究[D]. 沈阳：沈阳师范大学，2007.

［74］何章银. 制度路径依赖理论视野中的东亚救灾合作机制研究[J]. 西部学刊，2014（6）：33–38.

［75］尹瑛瑛. 我国农村金融制度路径依赖问题的研究[D]. 衡阳：南华大学，2010.

［76］洪名勇. 路径依赖与农地产权制度创新[J]. 河北经贸大学学报，1999（2）：3–5.

［77］张浩. 高校高水平运动队发展路径选择的研究[D]. 北京：北京体育大学，2008.

［78］鞠小宇. 长江三角洲区域一体化的问题研究和对策分析[D]. 南京：南京师范大学，2008.

［79］索贵彬，张晓林. 基于超效率DEA方法的第三产业竞争力评价[J]. 统计研究，2005（7）：58–60.

［80］邓庆彪. 基于超效率DEA评价模型的寿险公司绩效分析[J]. 求索，2006（2）：18–20+76.

［81］徐爱萍. 智力资本的三维协同机理与绩效评价研究[D]. 武汉：武汉理工大学，2009.

［82］李国超. 基于协同学的模块化物流系统演化过程与协同度测定研究[D]. 大连：大连海事大学，2013.

［83］江和明，史小辉. 战略转型与流程再造[J]. 施工企业管理，2014（2）：98–99.

［84］赵红俊. 基于协同论的开发区土地集约利用潜力评价[D]. 南京：南京农业大学，2010.

［85］熊昱. 基于协同论的高职院校学生心理“亚健康”心理矫正研究[D]. 南昌：南昌大学，2015.

[86] 白列湖.协同论与管理协同理论[J].甘肃社会科学，2007（5）：228-230.

[87] 兰宇，崔丽莎.协同论与现代企业管理[J].现代商业，2009（2）：67.

[88] 陈思果.行业协会资源整合功能研究[D].长沙：湖南大学，2010.

[89] 邓玉华. 基于社会责任的企业竞争力研究[D].南昌：江西财经大学，2013.

[90] 余祖德，陈俊芳.制造企业竞争力的决定因素模型及其实证研究[J].软科学，2008，22（12）：5-13.

[91] HELFAT，C E PETERAF，M A. The dynamic resource-based view：capability lifecycle[J]. Strategic management journal，2003，24（10）：997-1010.

[92] HILLMAN，A J G KEIM. Shareholder value，stakeholder management[J]. Strategic management journal，2001，22（2）：125-139.

[93] 汪士和，徐金保.改革开放40年建筑业发展历程与深化改革之路[J].建筑，2018（20）：14-19.

[94] 李炎琪. 中国上市建筑企业经营绩效评价研究[D].西安：长安大学，2016.

[95] 贾图壁.中建总公司：科技大战略提高企业竞争力[J].建设科技，2006（5）：52-53.

[96] 余吉安.企业资源集成及其能力研究[D].北京：北京交通大学，2009.

[97] 宋怡. 基于优势转换的钢铁企业竞争力研究[D].石家庄：石家庄经济学院，2012.

[98] 余祖德. 基于知识的制造企业竞争力的形成机理及知识转化决策[D].上海：上海交通大学，2008.

[99] FOURAKER L E，CHAMBERLIN E H. The theory of monopolistic competition[J]. Southern economic journal，1948，24（2）：215.

[100] B WERNERFELT. A resource-based view of the firm[J]. Strategic

management journal，1984，5（2）：171–180.

［101］江兵，何小雨，刘少伟.基于投入产出表的DEA分析及实证研究[J].现代管理科学，2007（2）：57–58+61.

［102］BARNEY，J B. Firm resources and sustained competitive advantage[J]. Journal of management，1991（17）：99–120.

［103］王圣，张燕歌.山东海洋产业竞争力评估体系的构建[J].海洋开发与管理，2011，28（7）：109–113.

［104］COLLIS，D J. MONTGOMERY，C A. Competing on Resources：strategy in the 1990s[J].Harvard business review，1995（73）：118–128.

［105］ZOLLO，M AND WINTER，S G. Deliberate learning and the evolution of dynamic capability[J].Organization science，2002（13）：339–352.

［106］王文成.创新型人才不足的应对思路[J].人民论坛，2019（20）：72–73.

［107］关飞.政府投资建设项目审计信息化发展现状和未来方向[J].天津科技，2017，44（2）：27–29.

［108］冯锋，汪良兵.协同创新视角下的区域科技政策绩效提升研究：基于泛长三角区域的实证分析[J].科学学与科学技术管理，2011，32（12）：109–115.

［109］陈丹宇.长三角区域创新系统模式及其构建研究[J].科学发展，2010（2）：19–28.

［110］柴丽俊，柴丽英，高俊山.企业技术创新动力及模型研究[J].经济问题探索，2005（1）：62–64.

［111］斋藤优，王月辉.技术开发论：日本的技术开发机制与政策[M].北京：科学技术文献出版社，1996.

［112］魏江.完善企业技术创新动力机制的对策研究[J].科学管理研究，1998（6）：3–5.

[113] 宋艳华，金维兴，张文荣.基于供应链管理的建筑企业核心竞争力分析[J].建筑经济，2004（12）：17–19.

[114] 司林波.装备制造业技术协同创新机制及绩效研究[D].秦皇岛：燕山大学，2017.

[115] 蒋阳升.供应链关系协调管理研究[D].成都：西南交通大学，2004.

[116] 赵艳萍.虚拟企业的协调机制研究[D].南京：南京理工大学，2007.

[117] 罗生喜.建筑企业协调管理机制研究[D].长沙：中南大学，2008.

[118] 常宏建.项目利益相关者协调机制研究[D].济南：山东大学，2009.

[119] 范太胜.基于产业集群创新网络的协同创新机制研究[J].中国科技论坛，2008（7）：26–30.

[120] 曹静，范德成，唐小旭.产学研结合技术创新合作机制研究[J].科技管理研究，2009（11）：50–52.

[121] HUANG P，JIANG Z，JIANG K. The moderating effect of innovation protection mechanisms on the competitiveness of service firms[J]. Service business，2012，6（3）：369–386.

[122] 王进富，张颖颖，苏世彬，等.产学研协同创新机制研究：一个理论分析框架[J].科技进步与对策，2013（16）：1–6.

[123] BUSSE M，DOERNBERG A，SIEBERT R，et al. Innovation mechanisms in german precision farming[J]. Precision agriculture，2014，15（4）：403–426.

[124] 吴笑，魏奇锋，顾新.协同创新的协同度测度研究[J].软科学，2015（7）：45–50.

[125] 刘晓云，赵伟峰.我国制造业协同创新系统的运行机制研究[J].中国软科学，2015（12）：144–153.

[126] OLANDER H，VANHALA M，HURMELINNA-LAUKKANEN P，et al. HR-related knowledge protection and innovation performance：the moderating

effect of trust[J]. Knowledge & Process Management，2015，22（3）：220–233.

［127］TURNER J A，KLERKX L，RIJSWIJK K，et al. Systemic problems affecting co–innovation in the new Zealand agricultural innovation system：identification of blocking mechanisms and underlying institutional logics[J]. NJAS–Wageningen journal of life sciences，2015，76（3）：99–112.

［128］ESTRADA I，FAEMS D，FARIA P D. Coopetition and product innovation performance：the role of internal knowledge sharing mechanisms and formal knowledge protection mechanisms[J]. Industrial marketing management，2016（53）：56–65.

［129］CARRILLO F J. Knowledge–based capital in building regional innovation capacity[J]. Journal of knowledge management，2008，12（5）：121–136.

［130］王孟钧，刘慧，张镇森，等. 重大建设工程技术创新网络协同要素与协同机制分析[J]. 中国工程科学，2012（12）：106–112.

［131］解学梅，左蕾蕾，刘丝雨. 中小企业协同创新模式对协同创新效应的影响：协同机制和协同环境的双调节效应模型[J]. 科学学与科学技术管理，2014（5）：72–81.

［132］袭著燕，李星洲，迟考勋. 金融介入的政产学研用技术协同创新模式构建研究[J]. 科技进步与对策，2012，29（22）：19–25.

［133］王琛，王效俐. 产业集群技术创新协同过程及机制研究[J]. 科学管理研究，2007（5）：22–25.

［134］许彩侠. 区域协同创新机制研究：基于创新驿站的再思考[J]. 科研管理，2012（5）：19–25+55.

［135］宋慧，吕华侨. 基于协同创新视角的技术转移机制建设[J]. 科技管理研究，2013（14）：20–23.

［136］MARSHALL J. The seeds of innovation：cultivating the synergy that fosters new ideas[J]. Amacom，2002，20（5）：424–425.

[137] 徐禄.国有建筑企业公司治理研究[D].天津：天津大学，2003.

[138] 杨洪涛.基于DEA的科研机构科技资源配置效率评价[J].科技进步与对策，2009，26（4）：115-118.

重要术语索引